别让成功毁在无效社交上

时辰◎著

中国友谊出版公司

图书在版编目（C I P）数据

别让成功毁在无效社交上 / 时辰著. -- 北京 : 中国友谊出版公司, 2017.6
ISBN 978-7-5057-4037-2

Ⅰ. ①别… Ⅱ. ①时… Ⅲ. ①人际关系 - 通俗读物
Ⅳ. ①C912.11-49

中国版本图书馆 CIP 数据核字(2017)第 105009 号

书名 别让成功毁在无效社交上
作者 时 辰
出版 中国友谊出版公司
发行 中国友谊出版公司
经销 新华书店
印刷 北京市兆成印刷有限责任公司
规格 710×1000 毫米 16 开
14 印张 180 千字
版次 2017 年 6 月第 1 版
印次 2017 年 6 月第 1 次印刷
书号 ISBN 978-7-5057-4037-2
定价 38.00 元
地址 北京市朝阳区西坝河南里 17 号楼
邮编 100028
电话 （010)64668676

目　录

第七章　别让成功毁在无效社交上

第八章　高效社交的重要方式

第一章
四分钟成为沟通高手，实现有效社交

第一节　让人难以忘怀的第一印象

一、首因效应

首因效应也叫首次效应、优先效应或“第一印象”效应，是指个体在社会认知过程中，通过“第一印象”最先输入的信息对客体以后的认知产生的影响，也是指最初接触到的信息所形成的印象对我们以后的行为活动和评价的影响，实际上指的就是“第一印象”的影响。

1. 第一印象，是在短时间内以片面的资料为依据形成的印象。

心理学研究发现，与一个人初次会面，45 秒钟内就能产生第一印象。这一最先的印象会对他人的社会知觉产生较强的影响，在对方的头脑中形成并占据着主导地位。某猎头公司资深顾问就曾经指出：“保持和复现，在很大程度上依赖于有关的心理活动第一次出现时注意和兴趣的强度。”这种先入为主的第一印象是人的普遍的主观性倾向，会直接影响到以后的一系列行为。

第一印象效应是一个妇孺皆知的道理，领导总是很注意烧好上任之初的“三把火”，普通人也深知“下马威”的妙用，每个人都力图给别人留下良好的“第一印象”……心理学家认为，第一印象主要是性别、年龄、衣着、姿势、面部表情等“外部特征”。一般情况下，一个人的体态、姿势、谈吐、衣着打扮等都在一定程度上反映出这个人的内在素养和其他个性特征，不管暴发户怎么刻意修饰自己，举手投足之间都不可能有世家子弟的优雅，总会在不经意中“露出马脚”，因为文化的浸染是装不出来的。

实验心理学研究表明，外界信息输入大脑时的顺序，在决定认知效果的作用上是不容忽视的。最先输入的信息作用最大，最后输入的信息也起较大作用。大脑处理信息的这种特点是形成首因效应的内在原因。

2. 首因效应本质上是一种优先效应。

当不同的信息结合在一起的时候，人们总是倾向于重视前面的信息。即使人们同样重视了后面的信息，也会认为后面的信息是非本质的、偶然的，人们也习惯于按照前面的信息解释后面的信息，即使后面的信息与前面的信息不一致，也会屈从于前面的信息，以形成整体一致的印象。在生活节奏如同飞快奔驰的列车的现代社会，很少有人会愿意花更多的时间去了解一个留给他不美好第一印象的人。

首因效应的产生与个体的社会经历、社交经验的丰富程度有关。如果个体的社会经历丰富、社会知识充实，则会将首因效应的作用控制在最低限度；另外，通过学习，在理智的层面上认识首因效应，明确首因效应获得的评价，一般都只是在依据对象的一些表面的非本质的特征基础上而做出的评价，这种评价应当在以后的进一步交往认知中不断地予以修正完善，也就是说，第一印象并不是无法改变，也不是难以改变的。

对于这种因信息输入顺序而产生效应的现象，有种种不同的解释。一种解释认为，最先接受的信息所形成的最初印象，构成脑中的核心知识或记忆图式。后输入的其他信息只是被整合到这个记忆图式中去，即这是一种同化模式，后续的信息被同化进了由最先输入的信息所形成的记忆结构中，因此，后续的新的信息也就具有了先前信息的属性痕迹。另一种解释是以注意机制原理为基础的，该解释认为，最先接受的信息没有受到任何干扰地得到了更多的注意，信息加工精细；而后续的信息则易受忽视，信息加工粗略。

二、如何强化自我首因效应

人们通常根据与一个人见面的前几秒钟所得到的印象，快速对他作出判断。如果这个印象很好，那么就会对办事起到促进的作用。否则，只能起到相反的作用。

1. **发挥自己的长处**。

如果你发挥自己的长处，别人就会喜欢跟你在一起，并容易同你合作。所以，与人交往，要充满自信，并尽可能地发挥自己的长处。

2. **适应不同的场合**。

最懂得与人交往的人，会因场合不同而改变自己的表现。一成不变不会给人留下美好印象。不管是与人亲密地倾谈，还是发表演说，都要在保持自己的同时，因时因地有所变化。但要注意不要给人造成言行不一的不诚实的感觉。

3. **放松心情**。

要使别人感到轻松自在，你自己就必须表现得轻松自如。不管遇到什么严重的事情，心理上都要尽量放松。学点幽默，不要总是神色严峻，或做出一副苦闷的样子。

4. **善于使用眼神**。

不管是跟一个人还是一百个人说话，一定要记住用眼睛望着对方。一进入坐满人的房间时，应自然地举目四顾，微笑着用目光照顾到所有的人。不要避开众人的目光，这会使你显得轻松自若。给人留下良好的第一印象，是你树立良好的办事形象的前提。

总之，不要怕突然改变自己的性格，不要摆出虚假的姿态，这样才能为自己树立良好的第一印象。

第二节　热情是吸引对方的秘密武器

一、热情——“中心性品质”

假设有这样两个人：他们都勤奋、实干，有着坚强的性格，做事果断、坚决又不失严谨。在所有人眼中，他们都是极为聪明的人。但他们之间唯一的区别是，其中一位遇人处事极其热情开朗；而另一位却是冷酷、不苟言笑的。那么，你会选择与谁交往？许多人的答案是：愿意与那个热情的人交往！

成功的人和失败的人在技术、能力和智慧上的差别通常并不大，热情的人将更能得偿所愿。一个人能力不足，但是有热情，通常必会胜过能力很强但是欠缺热情的人。

上述两种现象的原因就在于，每个人在人际交往过程中都不知不觉地受到“中心性品质原理”这一心理法则的影响，而“热情”恰好是人的中心性品质之一。而人际交往中的心理规则告诉我们，在良好印象的形成过程中，“热情”始终是第一个被对方感知到的品质，保持热情总会让你受益匪浅。

纽约中央铁路公司前总经理威廉姆说过：“我愈老愈相信热情是成功的秘诀。”著名交际沟通大师卡耐基也说过：“一个人成功的因素很多，而居于这些因素之首的就是热情。”他在全美国发表的演讲中、在广播中、在与教师的会议中，都一再提到这一点。他也常常把他所说的话应用在自己的生活中，他的成功也可以归功于他热情的力量。他所散发出来的热情从一开始就会抓住听众，而且会使听众一直全神贯注地聆听他的演说。

卡耐基也把这种热情贯注在他的教学里。他看到听课的人有了进步，就非常兴奋，以致常常在下课之后还不回家，和他的同事一起检查学员的进步情况，工作到深夜。

热情不能只是表面功夫，必须发自一个人的内心，若假装也不可能持续多久。产生持久的方法之一是订立目标，努力工作去达到这个目标，而在达到这个目标之后，再订立下一个目标，再努力去达成。这样可以使人兴奋并向人提出挑战，如此就可以帮助一个人维持热情。这样也是保持热情成为中心性品质必备的条件之一。

二、相信热情——它的作用很强大

热情是出自内心的兴奋，这种兴奋散布充满到人的整个身体。英文中的"热情"这个字是由两个希腊字根组成的，一个是"内"，一个是"神"。事实上一个热诚的人，等于是有神在他的内心里。热情也就是内心里的光辉——一种炽热的、精神的特质深存于一个人的内心。

为了验证"热情"是人的中心性品质，1946 年，美国心理学家所罗门·阿希做了一个实验。他把被试者分成两组，向他们分别描述同一个人。在第一组中，所罗门·阿希列出这个人的六项品质，包括聪明、熟练、勤奋、热情、实干和谨慎。在第二组中，所罗门·阿希只将其中的"热情"换成"冷酷"，其他不变。

结果出来了，仅仅一个"热情"与"冷酷"的区别，却引起了两组被试者对这个人完全不同的印象。第一组被试者见到此人时，愿意同其交往，谈得很投机，并且认为他同时具有幽默感等各种优秀品质。第二组被试者则不愿与此人接近，敌视他，讨厌他，同时把自以为是、虚伪、脾气暴躁等各种恶劣品质统统罗列在他"冷酷"的品质之下。

阿希最后得出这样的结论："热情－冷酷"这一对品质是人际交往中的中心品质。在这对中心品质中，人们对热情的评价总是正面的，而冷酷却陷入无限负面的评价中。

热情可以鞭策一个人从浑噩中奋起。纽约州柴第凯的凯布陆那医生，讲到他以前想寻求支持，在他那个郡里面成立美国防癌协会分会，却遭到挫折的情形。他说："我每提出一个办法，一项建议，别人都会说'我们以前做过，但是没有结果'，或者是'没有人会有兴趣'。我大为光火，心里难过。第二天早晨，我只能不停打电话。大概一星期以前，我和我医院里的同事谈及此事，我不再像以前那样只是坐在办公桌前面，我站起来了，热情地说出我的理由、主张。我并没有到处乱跳乱蹦、乱叫乱喊，我只是表现出我的诚恳、热情、渴望和愿意追求一个目标。这种感觉是不容易描述出来的，但是可以从我的听众的密切注意和面部表情看得出来。结果是大家都积极活动，支持在我们那里成立这么一个重要的组织。"

热诚的态度，是做任何事必需的条件。我们都应该深信此点。任何人，只要具备这个条件，都能获得成功，他的事业，必会飞黄腾达。

有些人由于对工作抱着热诚的态度，他们的收入成倍地增加起来。另一些人，由于缺乏热诚而走投无路。唯有热诚的态度，才是成功推销的最重要因素。如果热诚对任何人都能产生这么惊人的效果，对你我也应该有同样的功效。

我们再来做这样一个情景假设：

假设你现在失业了，需要一份收入来养家糊口。于是你决定摆个卖热狗的摊子。很显然，你希望从中获利。

从一开始，你就应该避免这种失败者的态度：认为自己失去工作，也找不到另一家愿意雇用自己的公司，才沦落至此。相反，你该找一个积极进取的理由，来鼓舞自己和家人，充满热情和希望才能面对未来。你要以一个独立企业家的姿态，把你的目标和企图告诉你的家人和朋友，并解释你这样全力投入的理由。

你不要耻于说出自己的梦想，大胆一点！有远大的梦想并不是罪恶。但是你也该为与你共事的人想想，考虑到他们的利益。当然如果你的梦对社会有益，更好。更重要的一点是，你一定要真诚，不管是对自己或对别人，若要真的做到客观，以事实为根据，你必须做到真诚。

在你开始让梦想飞驰时，以事实为着眼点是很重要的，你必须立下特定的目标，并想到要实现目标的全过程，例如，你可能想到买一辆二手货车，并动手改装成活动的热狗摊；想到用煤气来烹调热狗，并装个饮料机。然后，你就上路了，前往几个最适合的营业地点。是大学宿舍旁？建筑工地？还是很多人用餐的地方？你必须亲自查一查，并注意附近的交通。

也要考虑到所有潜在的不利因素和困难。万一下雨了、车子抛锚了、热狗不受客人欢迎、货源不足，该怎么办？周末、假日照常营业吗？要是供货商无法把货送来呢？若出现了竞争者，要如何？

针对以上种种可能的情况，你要想出个解决之道。这样一来，你就能更加坚强，以后遇到问题时，才能更有勇气去面对。

想出创新的方法来避免危险，并拉拢客人来买你的热狗，这是你日夜都可以做的事。运用自己的脑袋不用花一分钱，却能帮你省去日后的许多麻烦。

每天，甚至一两个月不断地计划……然后，你就能“预见”自己每天能卖出多少热狗，收入和支出多少。把雨天和假日的营业收入打个折扣，来计算收益，好像你在经营企业一般。你的企业的发展，像一部电影，在你的眼前显现。这个企业好像有自己的生命，而且充满着光彩。于是，你感觉到从你的内心升起一股自信心，使得计划成功。你也开始对未来乐观起来。这时，就是你出发的时候了。我敢说，你的计划成功的几率很大。

一旦开始，你就要有决心和毅力坚持下去。不到目的，绝不罢休。

三、我们如何成为热情拥有者

对工作和生活热诚，是一切希望成功的人——像创造杰作的艺术家、卖肥皂的人、图书馆的管理员以及追求家庭幸福的人——必须具备的条件。

第一，强迫自己采取热情的行动，你就会逐渐变得热情。

第二，深入发掘你的兴趣，研究它、学习它，和它生活在一起，尽量搜集有关它的资料。这样做下去就会不知不觉地使你变得更为热情。例如，也许你对崇拜林肯并不热情，直到你写了一本有关林肯的书以后才改变，你也许会变得非常热情地崇拜他。华盛顿可能是和林肯一样伟大的人物，但是你对他并不如对林肯那样崇拜，因为有关华盛顿的事你知道得并不太多。对于任何事情，只有在深入了解以后，你才会产生出热情。

提高热情的另一方法是，在做一件工作前，先给自己来一段精神讲话，或说些鼓舞的话。当然，精神讲话常由教练用来鼓舞球队，业务经理用来鼓励推销人员，以及其他人员用来鼓励一个团体。虽然自己对自己来一段精神讲话并不困难，但是却极为有效，其效果就像教练对球员讲话一样。

同时身体健康是产生热情的基础。如果一个人行动充满了活力，他的精神和情感也会充满了活力。很多推销员、教师、商界高级人物、专业人士以及其他很多人，每天一早起来就做些体能活动，像柔软操、慢跑或骑自行车等等，这不但可以增进他们的健康，而且可以提高他们一天活动的精力和热情。

我们把热情起作用的全过程归结为以下几点：

1. 无论面对什么情况，始终保持积极的心态，不要把自己人为地看成一个失败者。

2. 有一个明确的奋斗目标，而且要将这一目标公之于众，取得家人和朋友的支持与理解。

3. 真诚地面对自己，严格地审视自己，客观地评价自己。

4. 制订实现目标的详细计划。

5. 考虑在实现计划的过程中可能遇到的问题及解决措施。

6. 经常不断地思考如何能更快地实现目标。

7. 从整体把握奋斗的全过程，对目标的实现充满自信。

8. 将自己的全部精力投入到实现计划的行动之中，而且有决心和毅力坚持下去。

这些原则，就是热情起作用的全过程。它们几乎可以运用到学习、生活、工作的各个领域，并且都能促使你以更高的效率学习、工作，取得更好的成绩。如果你对自己的生活充满热情，那么在生活和工作中，你会有如下表现：

1. 无论你现在的成绩如何，你始终在不停地努力，你把自己看成是一个生活的挑战者，而不是一个失败者；你把考试看成是一次检验自己努力成果的机会，一个大展身手的舞台，你便不再惧怕它，而是期待它。

2. 你有明确的奋斗目标，知道自己通过努力，想要实现的是什么，在你的面前，永远有一个看得见的靶子。

3. 你清醒地认识到自己的优势与不足，对于自己的优点，你能不断保持，并进一步发扬，对于自己的不足，则通过虚心学习，一点一点地改进。

4. 你有科学、合理的学习计划，并尽量严格按计划学习。

5. 你能预见在你的学习过程中，可能出现哪些障碍与干扰，并想出如何克服这些不利因素的方法。

6. 你会在实践中不断总结和思考最适合自己的学习方法，不断提高学习效率，并合理地改进自己的学习计划。

7. 你对自己的前途满怀信心，相信通过自己的努力，人生梦想一定能够实现。

8. 你开始用行动执行自己的计划，无论遇到什么样的困难，都能一如既往地坚持，始终向着既定目标而奋斗。

由此可见，热情是你成功的发动机，是你潜能的触发器，拥有热情，你的努力会更有成就感，你的生活必定会有突飞猛进的发展，你的未来必将是一片光彩。

记住这个座右铭：

你有信仰就年轻，疑惑就年老；有自信就年轻，畏惧就年老；有希望就年轻，绝望就年老；岁月使你皮肤起皱，但是失去了热情，就损伤了灵魂。

第三节　成功沟通需要良好的开端

一、谈话的“良好”开端——意想不到的好处

在一个陌生的环境，大家都是第一次见面，怎么开始谈话，该说些什么呢？以前，老师告诉我们，要先暴露自己，告诉别人你的事情，这样会给别人好感；而你暴露了自己，他却没有说出来，那他就是有心计的人。另外，多请别人帮助自己，人对自己帮助过的人都有好印象，可以说一些大家都感兴趣的话题，天气、兴趣爱好、音乐、电视等。还有，要做先打破沉默的那个人，也许会被别人笑，但在心里，大家是感谢你的。其实很多人都想了解你，所以要大胆地说，大胆地做，不怕犯错误。

二、打开话题——如何与陌生人攀谈

懂得怎样用陌生这个武器毫无拘束地与陌生人结识，能使我们扩大朋友的圈子，使生活多姿多彩。

一位资深的记者谈及从前以记者身份往返于世界各地的经验时表示，和陌生人谈话，就好像你不停地打开礼物，事前却完全不知道里面有什么，充满了惊喜。而陌生人之所以引人入胜，就在于我们对他们的一无所知。总结的方法如下：

1. 对“破相”在行。

2. 预先抱着将遭受百分之百拒绝的可能性心理前往。

3. 要保持为顾客利益而访问的信心。

4. 以轻松的心情了解顾客的想法。

5. 想到是为公司做公共关系而去。

6. 要认为是推销自己的一个好机会。

7. 不要纠缠太久，尽可能早一点告辞。

8. 要抱定早已成交了的想法而去。

9. 要准备好第二次访问的借口。

10. 要留存着兴趣与关心而来。

然后我们就要寻找合适的谈话主题，寻找主题的方法有如下四种：

1. 从闲聊中吸取经验。如果你问这样的问题："你是做什么工作的?""今天天气怎么样?"那是很让人讨厌的，人们不大会理睬你。请避免问类似的问题。

2. 所有东西都可以成为切入点。如果你和某个人在一起，并且他的想法与你的不谋而合，那就说出来，一起分享。比如："这酒太难喝了，你在喝什么酒?""你从哪得到的这套装备?"

3. 你的观点很重要。这是使得谈话进行下去的最简单的方法。每个人都有自己的观点，当你把自己的观点与别人分享时，其他人同样也会与你分享观点。这种思维方法的最重要的意义在于你能够很快了解其他人并且知道他们喜欢什么，不喜欢什么。

4. 环境。你所处环境中的很多东西都可以成为谈论的话题。比如主持人、乐队等等；从你看到的东西开始交谈。

下面给大家总结几点与陌生人交谈常用的开头思路和方式：

没有话题的时候，可以从家庭开始，父母、孩子、老家、房子、生活习俗、家乡特产、家乡美景。这样是不是有了很多话题，又亲切，又容易拉近距离。比如：你有几个孩子？多大了？父母身体怎样？你的老家有些什么特产？什么美食？你们老家结婚有些什么仪式？穿什么衣服，要不要彩礼？你们老家有什么名胜古迹?

娱乐是生活的重要部分，关于这个肯定容易找到话题。比如你下班以后通常有哪些消遣？休息的时候你都做些什么？你有些什么兴趣？如果有个大家都喜爱的娱乐活动，你们恐怕就滔滔不绝了。

工作，职业。听说你最近高升了？公司的同事相处怎么样？公司的福利好不好？满不满意你的工作？如果可以选择，你会做现在的工作吗？你最期望的工作是什么？

既然生活有问题，我们就聊点俗气的，来谈谈钱吧。如果给你1000万，你会做什么？买彩票没有，中过几次？你理财有什么经验？你们那里房子的价格怎样？如果金钱允许的话，你想去哪里旅游？与钱的话题太多了。

三、学会开始谈话的心理技巧

这并不是说做任何事情你总要第一个出头或者你看到谁都主动去搭话。如果你比较擅长开始交谈，很多事情的进展就会很顺利。

首先你应该知道，有能力开始和陌生人或者你并不十分了解的人谈话是一件好事。

1. 你并不是一个没事可干的不合群的人。

2. 如果你能很乐意地接近别人，你看上去会更加平易近人。

3. 与你没见过的人接触意味着结交新朋友，或许能够让你学到更多的知识和经验。

如果，你已经具有接近陌生人的心理准备，那么，你如何打开话匣子，摒除那道无形的藩篱呢？以下这些方法可能对你有用。

1. 坦白说明你的感受。例如你可能在晚宴上对自己嘀咕：我太害羞，与这种宴会格格不入。或是刚好相反，你认为许多人讨厌这种聚会，但是我很喜欢。无论如何，你应该将你的感受向第一个似乎愿意听的人说出来，这个人可能就是你的知音。坦白地说出“我在这里一个人也不认识”或“我不知道该讲些什么”，总比让自己显得拘谨冷漠好得多——最健谈的人就是勇于坦白的人。

2. 谈谈周围环境。如果你十分好奇，自然会找到谈话题目。有一次一个陌生人审视周围，然后打破沉默："候车站来来往往的人真多!"这就是一句很好的开场白。

3. 以对方为话题。人们往往千方百计地想使别人注意自己，但大部分的结果都令人失望，因为他不会关心你，他只会关心他自己。因此，以对方作为谈话的开端，往往能令他人产生好感。赞美陌生人的一句"你的衣服色泽搭配得真好""你的发型很新潮"，能使他快乐而缓和彼此的生疏。也许，我们大多数人都没有说这话的勇气，不过我们可以说："你看的那本书正是我最喜欢的。"

四、谈话内容之外的"开端"

当我们开始接触陌生人时，良好的开端是打开交往大门的一把无形的钥匙，可以说"良好的开端是成功的一半"。在交往中，除了交谈本身，还有很多因素决定了谈话的顺利和效果，从而也成为决定了我们谈话的预期目标能否实现的关键。

1. 要懂得礼貌和仪表。

在交谈中，不要成为令人反感的，傲慢自大的人。要知道（对其他人而言）你也是陌生人群中的一员，请不要让其他人感觉不快。社会心理学家认为，在公众场合，人总是趋近衣着整洁、仪表大方的人，或衣着略优于自己的人。这种行为，在日常生活中也常见到，没有人愿同一个不修边幅、肮脏邋遢的人在一起。一个人的衣着服饰同他的地位、身份和修养连在一起。比如一个电影明星打扮得妖艳，人们会觉得比较正常，但一个中小学教师涂脂抹粉、穿着妖艳就会被认为不合身份了。因此，我们平时要注意穿着得体、整洁，以期达到谈话的最好效果。

2. 谈话要有内容。

不要进行慷慨激昂的演说或者进述一个悲惨的故事，我们与人交谈并非是为了找乐子。

3. 谈话时不要过于正式。

谈话中我们应该要放松一些。谈话既不是一门科学也不是一种纯粹的艺术。我们要像老朋友那样和别人谈话。

4. 要诚实，在别人面前呈现一个真实的自己。

5. 注意脸部表情。

在我们身边，与人交谈面带笑容，听人说话时表现出专注神情的人，一般都是人际关系很好的人。微笑不仅可以充分展示自己的人格和修养，还可以弥补自身的一些先天不足，也可以掩盖自己的一些缺点。真诚的微笑会使一些人成为交往中的常胜将军。

著名交际沟通大师卡耐基说过：要学会微笑。眼睛是心灵的窗户，在交往中，眼睛被对方注视得最多。两个人见面时即使没有开口说话，从目光上就可以判断出心理优势的一方。所以在第一次与人见面时要善于有效地运用自己的视线，也要学会了解对方视线的含义并随时调整自己的视线。眼睛可以直视对方，但不要引起对方的不愉快，在异性交往中尤其要注意。

6. 注意谈吐。

想要通过谈吐来建立良好的第一印象，首先要分析自己的声音，研究一下自己的声音效果，因为说话的速度、声音大小、音质和口齿清晰度等，在传递信息的过程中，和说话方式、说话内容同等重要。

我们要使别人对自己的声音有好的感觉，应当注意四个方面：

一是会根据房间大小、听众人数、噪声量、说话内容以及本人的情绪来决定说话速度，同时要学会停顿。

二是要能控制声音的大小，保证自己的音量既能强调重点，又能让对方了解谈话的内容，因此，高亢和低沉各具魅力，关键在于要适合当时的环境。

三是要消除破坏音质的因素，让自己的音质成为对方注意的因素。

四是要咬字清晰，首先让对方易听懂。在谈话的过程中要注意使用准确而又得体的称呼，而且对方也很愿意接受这种称呼。在表述上，委婉是一种很恰当的方式，含蓄也有修养的表现，这些都能给对方一种受尊重的感觉。此外，说话幽默风趣也非常重要。

7. **注意倾听**。

“说”是一门艺术，“听”也是一门艺术。听人讲话要像自己讲话一样，保持饱满的情绪，用心地理解对方讲话的内容，即使你已经听懂了对方的意思，也应出于礼貌耐心地听下去，要善于做一个谦虚的听众。同时，不要边听人家讲话，边做与谈话无关的事，这是对他人的不友好表现。

8. **注意行为举止**。

行为动作是一个人内在气质、修养的表现。男子的举止讲究潇洒、刚强，女子的举止要注意优美、含蓄。要讲究自己的站立和坐的姿势、走路方式以及一些习惯性动作。

身体接触也是沟通的重要手段，见面时有分寸地握手，既得体，又表现了热情、开朗的性格，对于建立第一印象是非常有利的。初次相识，斜坐在椅子上显得缺乏修养，行为随便；远离他人讲话表示与人有心理距离，不接纳他人；目光游离则表明不把人放在心上。所以在交往中，一个善于修饰自己的言谈举止的人，会赢得很多人的好感。

9. **从帮助他人开始**。

在心理学中，帮助是广义的，既包括情感上的支持，对于痛苦的分担，观点的赞同，建设性的建议，也包括困难解决上的协助和物质的支持。

人际关系中存在功利原则，即任何一个人，只有当一种人际关系对他们来说是值得的，他才愿意并试图去建立和维持。因此，以帮助和相互帮助开端的人际关系，不仅良好的第一印象确立起来比较容易，而且心理距离可以迅速缩短，使亲密的关系很快建立起来。如当他人有难之时，我们能及时给予帮助，使其远离危难，对方一定会对我们有很高的接纳性，从而在短时间内建立起比较亲密的关系。

帮助他人不一定非要对方遇到重大困难时，它可以体现在日常生活的一些小事上，如热情地给陌生人指路，在公共汽车上给人让座，他人拎不动东西你过去帮个手……慢慢地，通过帮助他人，你可以获得许多朋友和快乐。

10. **接纳他人**。

如果你不相信任何人，你也就不可能接纳任何人。虽然交友要有选择，但在没有了解对方之前，不要首先就全部否定，这会使你失去很多真正的朋友。实际上，根据人际交往的交互原则，你不信任别人，别人也就不会信任你；相反，你以坦诚友好的方式待人，对方也往往会以同样的方式待你。毕竟，在这个世界上，绝对的坏人是极少的，我们要善于调动他人个性上的优点。

11. **信心**。

开始谈话的最重要的部分是要有自信。很明显，如果没有足够的自信，你一定会陷入困境。如果拥有自信，那么交谈就会容易得多。

我平时都做些什么？我所做的事情哪些地方比较有趣？我的优点和缺点在哪里？自信的人能够获得成功，因为他们往往竭尽全力。

第四节　与人交往需要有分寸感

一、哲学意义上的尺度概念

度是质和量的统一，是事物保持其质和量的界限、幅度和范围。关节点是度的两端，是一定的质所能容纳的量的活动范围的最高界限和最低界限。度是关节点范围内的幅度，在这个范围内，事物的质保持不变；突破关节点，事物的质就会发生变化。在实践过程中，要掌握适度的原则，要学会把握分寸、火候，防止“过犹不及”。

人说话同样不可任意胡为，应该有度。这也是哲学上的度量关系对于我们说话的启发和指导。人说话应该有底线，这些底线依次是：1. 力图说真话；2. 不能说真话则应保持沉默；3. 无权保持沉默而不得不说假话时则不应伤害他人。若这种假话并未伤害他人，这种人可成为奴隶，尚有可同情处；但若为伤害他人而说假话，则只能称奴才，不可原谅。

说话度的标准——三条底线，即说真话、沉默、不伤害他人。这三条底线是一种递推关系，也正是说话的一个度的衡量。

二、擅于把握说话尺度，受益无穷

人与人之间沟通，懂得如何说话、说些什么话、怎么把话说到对方心坎里，这些都是很重要的地方。嘴上功夫看似雕虫小技，却有可能因此扭转你的一生。

世界上没有十全十美的人，不可随随便便说人家的短处，或揭别人的隐私。也就是要把握好说话尺度。

你要明白，你所知道的关于别人的事情不一定可靠，也许另外还有许多隐衷非你所熟悉的。你若贸然拿你所听到的片面之言宣扬出去，不免会颠倒是非，混淆黑白。人际关系大半如此复杂，若不知内幕，就不宜胡说乱道。要是有人向你说某某人的短处时，你唯一的办法是听了就算，像别人告诉你的秘密一样，谨缄君子之口，不可做传声筒，并且不要深信这片面之词，更不必记在心上。谈论别人，不可因片面的观察就在背后批评别人，除非这是好的评论，说一个坏人的好处，旁人听了，最多以为是你无知。但若是把一个好人说坏了，那就不仅是有损道德的问题了。

在生活中我们如何把握好说话的度呢？比如与你刚认识的人在一起谈话或与人谈论不认识的人，最好不要说自己隐私的东西，可以说说社会新闻什么的，毕竟大家都不熟悉，没必要让别人了解自己那么多。

如果你被询问新买衣服的价钱，除非很亲密的人，其实你没有义务为他提供有关信息。你只要回答“我不知道（或我不记得）花了多少钱”。

关于钱的询问通常是不合适的，应该置之不理。不能说“不关你的事”，但可以说“如果不介意的话，我不说这件事。关于生活的费用，太让人提不起情绪……”然后改变话题。

另一个类似于窥探的问题是“你是干什么的”。最好在对方指明了知识领域后询问对方的工作，或在谈论与工作相关的特殊话题时询问。不要装做什么都懂，真正聪明的人从不犹犹豫豫地说：“我不知道。”说话随便的人容易说得太多，有时造成不谨慎。

要懂得什么时候说什么话，一旦说了，还要为自己说过的话负责。一个人如果不是真才实学，如果没有真知灼见，从嘴里吐出来的话也许能吸引他人一时，却不能蒙蔽他人一世。

说话要有尺度，尺度拿捏得好，很普通的一句话也会平添几许分量，话少又精到，能给人感觉深思熟虑。而说话的尺度取决于与你谈话的对象、话题和语境等诸多因素。换句话说，要言之有度。

第五节　大胆展现自己最突出的个性

一、莱斯托夫效应

前苏联心理学家莱斯托夫曾发现一个非常有趣的现象，在一场人数众多的宴会上，主人经介绍与来宾一一握手时，只能对身形、相貌、年龄、地位等特征中最为突出者，即时记下他们的姓名。通过总结，他发现生活中有很多类似的现象，于是，他大胆地推测人们总是容易记住那些特殊的事物，随后他做了一系列实验都证明了他的这一推测。而最终这个推测被总结为心理学上关于记忆的著名效应：莱斯托夫效应。

那么，为什么会出现莱斯托夫效应呢？这其实和人们的记忆特点有关，人们对许多事物的记忆都是无意识记忆。无意识记忆是没有自觉识记目的，不需任何识记方法，也不需做出意志努力的识记。无意识记忆带有明显的偶然性。人们对感知过的事物、体验过的情感、操作过的动作、阅读过的资料，当时并没有识记的意图，也没有考虑用什么方法去识记，但事后却能回忆和再认。而且无意识记忆具有选择性，并不是所有接触过的事物都能被记住，而只有那些在生活中具有重大意义的事件，能够引起人浓厚兴趣并能激发人的情感的事物，才容易被记住。

一般来说，熟练的动作遗忘得最慢。贝尔发现，一项技能在一年后只遗忘了 29%，而且稍加练习即能恢复。同时，有意义的材料较无意义的材料、缺乏形象性的材料遗忘得慢。莱斯托夫效应实际上从一个侧面反映了学习材料的独特性对记忆和遗忘的影响。所谓莱斯托夫效应，就是指在一系列类似或具有同质性的学习项目中，最具有独特性的项目最易获得保持和被记住。对于广告主来说，要使广告内容被消费者记住，并长期保持，广告主题、情境、图像等应当具有独特性或显著性，否则，广告内容可能很快被遗忘。广告中经常运用对比、新异性、新奇性、色彩变化、特殊规模等表现手法，目的就是为了突出宣传材料的显著性。

二、突出你的个性品质

个性，是指区别于他人的独特精神面貌。性格、能力、气质，都属于个性的成分。在现代社会，事业有成者不仅仅须要有良好的文化素养、强健的体魄，更须要有抗挫折能力、应变能力、环境协调能力，须要有一往无前的拼搏精神、坚定的献身精神。良好的个性品质已经成为一批又一批事业有成者走向成功坦途的第一要素。

个性的形成与发展是个很复杂的过程，更是许多影响因素共同作用的结果。一般地说，一个人从他呱呱落地开始，就接受他所处环境的影响，然后经过教育，逐渐形成个性。有医学资料表明，一个人的个性在童年时代就已经逐步开始形成，那么，进入青少年的求学年龄之后，个人的心理品质是否还具有发展、再造的可能呢？

答案是肯定的。一个人在儿童阶段形成的个性是可塑的，个性在童年期初步形成以后，自我教育日益具有重要作用和意义。尤其是脱离心理断乳期后，一个人就可以自觉地形成自己正确的世界观，克服个性的不良品质，而培养优良的个性心理特征。在一定程度上，每个人都是他自己个性的设计者。

一个人的个性往往集中体现了他的文化素养。他的兴趣、需要、信念、理想与世界观都是在接受了文化传统教育后表现出来的。因此，从发展个性的角度看，每个学生都应注重文化素养的提高。我们要努力在学习实践中，磨炼自己的坚韧性，培养自己的独立意识，提高自己的能力。

心理学家指出，人对初次打交道的陌生人的印象只会保持很短一段时间。

按照莱斯托夫效应的观点，如果你想要别人长时间记住自己，就必须巧妙地突出自己的个性和特色，让自己最突出的个性成为对方记忆的焦点。

成功人士都有其突出的个人魅力，这种魅力来源于他的个性，而他的个性又表现在他做人的态度、做事的风格上。他的一举一动、一言一行，无不体现着其个人魅力，表现着其个人的风格。如前文所言，每个人都有自己的特色，但区别于那些成功人士的一点是，很多原本有特色的人一旦和陌生人打交道，不是拘束着，就是发挥失常。其实，这是因为他们还没有掌握突出自己个性特点的关键技巧：用行动突出热情。如果你是一个热情的人，那就完全没有必要因为有陌生人情结而隐藏你的优点。突出热情的方法有很多：当你首次与陌生人打交道，你可以主动和对方握手，微笑着介绍自己，并且在谈话中不吝啬自己的赞美。如果对方需要帮助，你更要热情地施以援手。这样对方很容易长久地记住你，并给你贴上热情的标签。

用语言突出幽默。如果你很幽默，那就保持最自然的姿态，巧妙地将小幽默揉进谈话中，只需要短短几分钟的接触，别人就会牢牢记住你。

用眼神突出自信。最能看出一个人是否自信的地方就是眼神。自信的眼神应该是正视对方，面带微笑，目光炯炯但不咄咄逼人，一旦这样自信的眼神成为你的招牌，那你必然会从周围的人群中脱颖而出。

用语调突出从容。在很多人眼中看来，从容的人让人感觉舒缓、安定、很舒服。表现从容的最好方式是处理自己的语调，抑扬顿挫的语调、主次分明的说话方式会给对方留下很好的印象。

适时表现自己的才能。在与陌生人打交道的过程中，如果有适合展示自己才华的机会，一定不要错过，才华横溢的你一定会让对方在很长一段时间里记忆犹新。

以上指出的个人特色都是比较主流的、正式的，这些个性都很容易给对方留下美好的感受，使对方产生愉快的心理。

信息爆炸时代，人们获取信息的渠道很多，当海量的信息决堤般袭来，人们往往被纷繁复杂的信息大潮搞得晕头转向，没有特色和价值的信息根本进入不了大家的视野和头脑。正因为如此，一些聪明的人意识到莱斯托夫效应在人际关系中的重要性，这些人为了增加别人对他的印象，不是在服装上力求表现新颖，就是在言行上刻意表现突出。方式不同，目的则一。只可惜大多数人对莱斯托夫效应没什么认知，或者知道有这么回事，却根本不知道如何将它运用到人际交往中。

有人曾问：我去过很多的地方面试，但都被刷下来。听说是我没展现出自己的特色，很平凡，没给他们留下深刻的印象。那么，我该如何去发现并展示自己的特色呢？这个问题已经困扰我很久了，请给我一些指点吧。

案例中求助者的问题很具有代表性，很多人都不知道自己的特色是什么，或者认为自己没有特色。这是一种错误的想法，每个人都有着自己的个性，有些人幽默，有些人自信，除了这些个性上的特色外，还有很多别的因素能让对方记忆深刻，比如有些人微笑很美，有些人眼睛很有神，或者有些人的穿着非常吸引人……只要你善于发现并善于利用，它们都能帮助你取得良好的莱斯托夫效应。

三、制造个性的闪光点

闪光点也是可以制造的吗？这是当然的。可能你无法很快改变你的性格，让自己马上热情、幽默、从容起来，但你可以改变你的外在，让自己闪光起来。

让服饰突出你的优势。在人际交往中，人们总是先看到一个人的外表、长相、身材、服饰等等，这些会让他们产生一定的心理感受。这些东西中最容易变更的是服饰，最讲究技巧的也是服饰。得体的穿着讲究和人本身的身材年龄性格和谐，同时也讲究与场合的和谐，在不出错的基础上再讲究搭配的技巧。平时应该多浏览一些时尚杂志或网站，根据自己生活和工作的需要，巧妙地打扮自己，让自己脱颖而出。

化适合自己的妆容。有些女明星扬言不化妆绝不上镜，这说明一款好的妆容对女人的重要性。化妆能突出女性的优势，让女性更加自信。同时，经过化妆修饰的皮肤和五官能给对方美的感受，让其留下更好的印象。至于化妆的技巧，关键点在于能正确认识自己最吸引人的部位，然后将它变得更吸引人。

保持优雅的仪态。行为举止优雅得体很容易让你显得出类拔萃，如果你有良好的修养，那么不用说话，只用行动便能给对方留下强烈的印象。因此，在和陌生人打交道的时候一定要记住不徐不急，落落大方。坐则腰背挺直，行则挺胸收腹，站立则要抬头平视。

让表情生动起来。表情是人际交往中最重要的东西之一，人的喜怒哀乐都是通过表情来传递的。在和陌生人打交道的过程中，彼此最关注的还是对方的表情变化。如果想要别人对你记忆深刻，一定要让自己的表情生动起来，多微笑，时不时流露出内心的真实感觉，这会让对方觉得你很亲切，很与众不同，从而对你留下格外深刻的印象。

在这个讲究个性和个人魅力的时代，平庸者注定被埋没，我们改变现状的方法并不难，有时候只需要恰到好处地闪那么一次光。利用好上面的小技巧，谁都可以成为人际交往中的焦点。

四、品牌与“莱斯托夫”效应

品牌延伸易造成目标市场混乱，损害原品牌形象。产品品牌是产品独特性的代表，即只有能充分体现产品属性的品牌才能在消费者心目中占据有利地位，这就是心理学上所说的“莱斯托夫”效应。如果视目标市场的差异于不顾，在各个细分市场上进行品牌延伸，不但会造成目标市场的混乱，更可悲的是使原具有独特属性的产品在目标市场上的品质形象受到极大损害。一向以质优价贵著称、象征身份和体面的美国“派克”钢笔，采取品牌延伸策略时，将“派克”品牌用于每支售价 3 美元的低档笔后，使“派克”在消费者心目中的高贵形象一落千丈，派克公司非但没有打入低档笔市场，反而在高档笔市场大为失利。

五、“莱斯托夫”效应应用——抓住交际的最初四分钟

人们是否愿意成为朋友或什么时候可能成为朋友，按照信纳德·佐宁博士在《交际》一书中的观点，陌生人之间接触的头四分钟是至关重要的。他在书中对有心建立新的友谊的朋友说：“当你在社交场合中遇到陌生人，你应把注意力集中在他身上四分钟。很多人的生活将因此而改变。”

你会注意到，一般人并不专心致志地注意自己刚认识的人，他不断地东张西望，似乎在寻找更加有趣的人。如果谁这样对待你，你一定不会喜欢他。当我们被介绍给新朋友时，我们应当尽量显得友好和自信。“一般来说，”他说，“人们喜欢喜爱自己的人。”

另外，我们不能让别人认为我们很自负，对别人显示出兴趣或表示同情是很重要的，要知道别人也有自己的需要、恐惧和希望。

听到上述劝告，你或许会说，我不是一个天性友好或自信的人，这样做，不是不诚实吗？佐宁博士认为，只要实践几次，就会改变自己的社交方式了。只要我们想改变自己的性格，我们终究会习惯的，这就像买了一辆新车，最初你可能觉得不熟悉，但是它总比旧的好。

是否说，天性不善友好和自持的人，表现出友好或自信是一种不诚实的行为呢？佐宁博士说：“或许吧，‘完全的诚实’对于社交关系来说往往并不合适，特别是在相互接触的头几分钟，这时可能有各种各样的表现，但是适当的表演，在和陌生人的交际中是最好的一种方式。”这时不是抱怨自己的健康问题或找别人的缺点的时候，这也不是彻底地把自己的观点和印象和盘托出的时候。

上面所介绍的同样适用于家庭成员间或朋友间的关系，对丈夫和妻子、父母和孩子来说，问题常常产生在他们长期分别后相聚的头四分钟。佐宁博士建议说，这几分钟的相聚必须小心，如果你讨论了令人不愉快的事情，以后还须

着手花时间解决。

人际关系在学校应该和阅读、写作、数学一样作为必修课来对待，生活的成功与否主要看我们和周围的人相处情况，这至少和我们拥有的知识同等重要。

为了把握住交际的最初四分钟，时刻注意自己的形象是非常必要的。人的第一印象是最不容易磨灭的，长相凶恶的人谁也不喜欢，没有自信的人总是让人觉得缩头缩尾。有些人就是很容易博得别人的好感，这也不过是长相给人的印象罢了。只是，这第一印象往往与事实相去不远，这正是长相的重要性。

作为一个上班族，每天早上一定要站在镜子前看看自己的脸。在镜子里你看自己的脸是怎样的一张脸呢？是柔和的、精力充沛的，还是一副宿醉未醒的样子？如果早上起来就一脸没精打采的样子，那最好先振作精神再出门。

尽量找机会审视自己的脸。尤其是在竞争激烈的环境中，更是必须随时保持清醒状态。即使是男士也最好随身携带一面小镜子，随时注意一下自己的领带是不是松了，头发是不是乱了，自己的脸部表情够不够柔和，是不是保持着充沛的活力。

第二章

互联网时代更应该放弃无效社交

第一节 有效的电话沟通会让你事倍功半

“电话沟通”是个体沟通的一种方式，也是一种比较经济的沟通方式。在如下的几种情境宜采用电话沟通的方式进行：彼此之间的办公距离较远，但问题比较简单时（如两人在不同的办公室需要讨论一个报表数据的问题等）；彼此之间的距离很远，很难或无法当面沟通时；彼此之间已经采用了电子邮件的沟通方式但问题尚未解决时。

一、打电话的准备工作

在电话机旁放置好记录本、笔，当他人打来电话时，就可立刻记录主要事项。如不预先备妥纸笔，到时候会措手不及、东抓西找，不仅耽误时间，而且会搞得自己狼狈不堪。

1. 先整理电话内容，后拨电话。

给别人打电话时，如果想到什么就讲什么，往往会丢三落四，忘却了主要事项还毫无觉察，等对方挂断了电话才恍然大悟。因此，应事先把想说的事逐条逐项地整理记录下来，然后再拨电话，边讲边看记录，随时检查是否有遗漏。另外，还要尽可能在三分钟之内结束。

2. 准备一个最友好的态度。

有人认为，电波只是传播声音，打电话时完全可以不注意姿势、表情，这种看法是大错特错。“言为心声”，态度的好坏，都会表现在语言之中，打电话表情麻木，其声音也是冷冰冰，因此，打电话也应微笑着讲话，要有喜悦的心情。打电话时要保持良好的心情，即使在电话中，也要抱着“对方正看着我”的心态去应对。在通话中，虽然对方不能看见你，但如果你是在椅子上伸着双腿向后仰或是靠在某物上面与对方说话，对方通过声音也能感受到你的态度。因此，打电话时请不要忘了保持笑容，就好像对方站在你面前一样。不要对着话筒咳嗽、叹气、打哈欠，或是吃东西；也不要与其他人闲聊，不要让对方感到自己无足轻重。

二、打电话时应注意的事项

1. 打电话时必须态度要端正，左手持机，右手拿笔，必须使用礼貌用语。

2. 电话通了之后即使对方还未接听，也一定要保持严肃，不能与周围的人谈笑，电话在未挂之前，也是如此。

3. 谈话应简明扼要，如具体情况要去其家里了解，尽量不要在电话中占用过多时间。

4. 熟知公司近期工作，如活动时间地点等，向顾客传达的必须是准确的信息。

5. 谈话重点如需要记录，请对方复述一遍。

6. 不小心中断电话，要立即重拨。

7. 对方表示不满抱怨时，先诚恳地听他讲完后，再予以控制，不能在电话中与顾客争执。

8. 要善于以提问来了解对方，让对方跟着你的思路走，而不是被对方牵着走。

9. 对顾客所提问题不太了解或难以应付的电话应迅速交给同事或领导处理，不可在电话中含糊其词。

10. 口齿清楚，语速适当，语气要亲切和气，不能生硬，始终保持笑意。

11. 电话要轻拿轻放，不要使用免提，不准在打电话时吃喝东西。

12. 不要抢先挂断电话。

13. 打电话时对顾客提出的问题不明白时，应向顾客说“请稍等”，捂住话筒向同事或领导询问。

第二节 不容忽视的网络交流

一、网络沟通

信息沟通是指可解释的信息由发送人传递到接收人的过程。具体地说，它是人与人之间思想、感情、观念、态度的交流过程，是情报相互交换的过程。网络沟通是指通过基于信息技术的计算机网络来实现信息沟通活动。

沟通是人与动物的最大区别。不管是在人们的生活中还是工作中，沟通的重要性不可替代，所谓沟通即交流思想，强调理解与信任，消除隔阂，化解矛盾，统一思想，通过沟通才能够达成共识，可见人与人的交往在现代社会关系中是非常重要的。互联网的快速发展使得人与人的自然距离也越来越近，使得我们的沟通更为方便、简单、快捷和低廉，互联网本意就是要让全社会人参与进来，没有距离。更重要的是，这种沟通所产生的力量越来越强大，甚至在某种意义上正在推动着商业模式变革和社会进步。

加拿大温哥华的麦克唐纳利用互联网，用一枚红色曲别针开始与人交换，最终没花一分钱，换回一套漂亮的双层公寓的使用权。汇丰银行英国分部过去一直用允许透支而无罚息的活期账户来吸引学生客户，但汇丰银行决定撤销这项政策，并且只留给学生们几个星期的提前通知时间。汇丰银行用免息透支吸引到客户，他们认为也能自行取消这个政策而不受惩罚。一个名叫韦斯·斯特里汀的人在剑桥大学求学，并且是学生会副主席，他在 Facebook 上建了用户组抗议这项政策，并命名它为“汇丰银行痛宰毕业生不要太狠”！几天之内，数千人加入这个群体。学生们开始公开威胁，声称自己要转移账户，其数量比汇丰银行预料中的要多得多。在声势浩大的反对中，用户组宣布于9月份在汇丰银行的伦敦办公室举行公开示威。不过，这个示威并未发生。指定日子还没到，汇丰银行早已屈服。

网络社会强调的是沟通，喜好相同的人们更容易聚集起来并互相影响，而且这种聚集起来的沟通比以往任何一种声音都强烈。很多企业也注意到网络的这种力量，并有效地运用，因为营销的本质就是交换，就是一种沟通，通过网民聚焦所产生的商业价值是巨大的，是任何一种媒体都不能比拟的。2008年，可口可乐与腾讯的奥运火炬在线传递活动，短短一个月之内吸引了一亿网民的关注，近2000万人参与了该活动，鼠标轻轻一点，QQ用户就可以实现自己参与奥运火炬传递的愿望。如果一旦成为网络奥运形象大使，这个资格将会作为QQ秀标签，一直保持下去，这对众多网民来说是莫大的荣幸。

网络最大的力量是“凝聚人的力量”“凝聚沟通的力量”。企业也好，政府也好，都要重视如何进行有效沟通。

二、网络沟通的主要形式

1. 电子邮件。

电子邮件是一种用电子手段提供信息交换的通信方式，是互联网应用最广的服务：通过网络的电子邮件系统，用户可以用非常低廉的价格（不管发送到哪里，都只须负担电话费和网费即可），以非常快速的方式（几秒钟之内可以发送到世界上任何你指定的目的地），与世界上任何一个角落的网络用户联系。这些电子邮件可以是文字、图像、声音等各种形式。同时，用户可以得到大量免费的新闻、专题邮件，并实现轻松的信息搜索。这是任何传统的方式也无法相比的。正是由于电子邮件的使用简易、投递迅速、收费低廉、易于保存、全球畅通无阻，使得电子邮件被广泛地应用，它使人们的交流方式得到了极大的改变。

另外，电子邮件还可以进行一对多的邮件传递，同一邮件可以一次发送给许多人。最重要的是，电子邮件是整个网与网之间以至所有其他网络系统中直接面向人与人之间信息交流的系统，它的数据发送方和接收方都是人，所以极大地满足了大量存在的人与人通信的需求。

2. 网络电话。

网络电话是具有真正意义的 IP 电话。系统软件运用独特的编程技术，具有强大的 IP 寻址功能，可穿透一切私网和层层防火墙。无论你是在公司的局域网内，还是在学校或网吧的防火墙背后，均可使用网络电话，实现电脑－电脑的自如交流，无论身处何地，双方通话时完全免费；也可通过你的电脑拨打全国的固定电话和手机，和平时打电话完全一样，输入对方区号和电话号码即可，享受 IP 电话的最低资费标准。其语音清晰、流畅程度完全超越现有 IP 电话。通信技术在进步，我们已经实现了固定电话拨打网络电话。你通话的对方电脑上已安装的在线电话客户端振铃声响，对方摘机，此时通话建立。

3. 网络新闻发布。

网络新闻是突破传统的新闻传播概念，在视、听、感方面给受众全新的体验。它将无序化的新闻进行有序的整合，并且大大压缩了信息的厚度，让人们在最短的时间内获得最有效的新闻信息。网络新闻的发布可省去平面媒体的印刷、出版，电子媒体的信号传输、采集声音图像等。

4. 即时通信。

即时通信（IM）是指能够即时发送和接收互联网消息等的业务。自 1998 年面世以来，特别是近几年的迅速发展，即时通信的功能日益丰富，逐渐集成了电子邮件、博客、音乐、电视、游戏和搜索等多种功能。即时通信不再是一个单纯的聊天工具，它已经发展成集交流、资讯、娱乐、搜索、电子商务、办公协作和企业客户服务等为一体的综合化信息平台，例如，微信。

三、网络沟通的优势

1. 大大降低了沟通成本。

2. 使语音沟通立体直观化。

3. 极大缩小了信息存贮空间。

4. 使工作便利化。

5. 跨平台，容易集成。

四、网络沟通技巧

1. 态度真诚。

在现实生活中，真诚的人能够最先找到朋友。在网络这个虚拟的、充满不确定性因素的世界里，真诚更成为交际成功的第一要素。尤其是第一次聊天，自己认为需要保密的事情，明确告诉对方自己不能说。切不可胡编乱造，前后矛盾，给对方不真诚的印象。自己的年龄、职业、身份、工作单位、情感状态虽属保密信息，但个人的态度、兴趣和学识等都可以坦诚相见。

2. 尊重、包容对方。

大千世界，无奇不有，反映到网络平台上，更是景象万千。聊天时间一长，什么样的人都会遇到。讨厌的、反感的、不喜欢的、不理解的、不接受的……也许都会被你撞上，对此，既不能恶言相向，也不能因为你过去没有相关的经验，就以夜郎自大的心态表示不能接受。要在充分尊重对方的基础上，给对方以包容，即便不喜欢对方，也要礼貌地给对方把话说完的权利。

3. 学会保护自己。

现实生活中骗子太多，网络这么便利的沟通工具，骗子们当然不会放过。尤其是身为社会弱势群体的女性网友更是经常成为骗子们猎取的目标。学会保护自己：一是尽可能多地了解对方，通过查看对方的 IP 地址，可以侦知对方所在城市；通过视频聊天，可以识别对方的容貌和声音。二是不轻信对方，尽可能少地暴露自己的具体信息，不轻易与对方见面。

4. **不可过分投入。**

有网友在自己的博客上说："长期聊天的人几乎都有过网恋的经历。"每个人在有限的生命里，都要最大限度地把时间耗费在有价值的事情上，一分耕耘，一分收获。以寻找爱情为目的的人，多花点时间自然无可厚非。而那些已经得到爱情组成家庭承载一家老小生活重担的人，就应该考虑考虑在聊天中投入的程度。于他们而言，聊天应该是一种对自身交往需要的满足，是一种消遣，一种美的享受。有人把这种感情称之为"比爱情少一点，比友情多一点"的第四类情感。但无论如何，这种交往都应该以不破坏彼此现有的正常生活为基础，如果过于投入，以致为对方魂不守舍，影响了正常的工作和学习，就有些得不偿失了。

五、网上交流需要注意及解决的问题

通常借由网络交友途径来诱骗他人的居心不良分子，在行为上其实都是有蛛丝马迹可循的。当你和某网友相处时发现以下几种情况，则请你要提高警惕了：

1. 聊天谈话内容过度轻佻，不尊重，甚至使用一些性暗示字眼。

2. 为了取得你的私人联络资料（手机电话、QQ、MSN），不断对你进行留言骚扰。

3. 不是很熟识的情形下，就邀请你见面。

4. 见面时借机与你的身体作过度的亲密接触，并且意图将你带到偏僻的地点，或是在室内的隐闭空间与你独处。

5. 个人资料有很多疑点，与你见过的本人不太相符。

6. 声称经济出现困难，需要你的援助。

你可以采用以下措施：

1. 善用论坛发帖，过滤真正值得深交的交往对象。

存有不良企图的网友一般不喜欢花费太多时间。如果跟你交流之后，要花上许多的时间与精力陪你甜蜜回复，必然失去寻找其他猎物下手的机会，相信对居心不良的网友来说，他们多半会选择放弃，避免浪费时间，转而寻找其他更好下手的对象。

因此你可以把“论坛发帖”当作一道用来过滤筛选网友的保护网，借着帖子里文字大家都可以看到，审慎观察对方的用词、习性，甚至一些简单的背景，也看看他是否有足够的耐心上站回帖。相信经由一段时间的判断与观察，足以过滤掉对你心存歹念的坏分子，你所选择的网友会更适合你，你的网络交友安全也将更有保障。

2. 网友见面注意要点。

（1）请自行前往见面地点，尽量不要接受或要求对方到你府上接送，以免你的居家隐私曝光。

（2）约在人多的公共场所或是你熟悉的环境，避免人烟稀少处。

（3）不要轻易变更双方事先已经同意的见面地点，以防由于你对变动后的地点过于陌生而发生的意外。

（4）第一次见面，最好能携伴一同前往，移动电话请随身携带，出发前也请记得告知家人你出门的时间及预期返家的时间，并且留下对方的名字和联络电话。

（5）离开位置后，就不再喝眼前的饮料。

（6）出门只带少量金钱（最好不要带信用卡）。

（7）约会时间控制在2～3个小时为宜，长时间造成的身心疲劳，容易降低你的警戒心，使你失去正常的判断能力。

（8）言谈中喜欢夸耀吹嘘自己的人，也要小心留意，请谨慎判断对方的内容并保持合理的怀疑，切莫轻信。

（9）遇上第一次见面就想动手动脚的，就该知道对方动机不纯，想办法找机会借故结束这场约会。

（10）最好能看到一些能证明该人真实身份的物品。

（11）尽可能避免任何的金钱关系。

不管你与你网友之间的认识交情到什么程度，我们还是建议尽量避免与对方有金钱往来。若对方真有金钱需求临时急着借钱，相信对方优先的借贷对象应该是他的亲友，而不是身为网友的你。你可以就你所能做到的，提供非金钱方面的协助，比如告知他如何向合法金融机构（银行）借款之类的。

第三节　邮件是无声的语言

一、电子邮件

随着网络的发展，电子邮件可以帮助我们增加交流的途径。电子邮件被称为“技术鸽子”。它无处不在，无论人们是近在咫尺，还是远隔千里，电子邮件都将成为商务交流的标准方式。无论是共享信息，进行雇员调查，探究事物的可能性，还是讨论别人的观点，电子邮件已经成为最主要的团队交流方式。

二、电子邮件交流

1. 慎重选择发信对象。

确认传送讯息的对象，并将 CC 人数降至最低（CC 全名为 CarbonCopy，中文译为副本转送，即抄送）。

（1）传送电子讯息之前，须确认收信对象是否正确，以免造成不必要的困扰。

若要将信函复本同时转送相关人员以供参考时，可善用 CC 的功能，但要将人数降至最低，否则，传送与复本转送的用途将混淆不清，也会制造一大堆不必要的垃圾。

（2）“广播”功能是电子邮件系统最具威力的功能之一。使用者只须将其问题或意见传送至特定网络广场或群体，不用几分钟，即可获得许多在线朋友的回复。然而问题在于：一个人的问题或建议是否会成为另一个人的垃圾邮件，甚或无心地触怒他人？因此，当使用者有“广播”需求时，务必在传送出信件前小心地检查其广播的清单。

2. 注意撰写的信件内容。

（1）切记收信对象是一个人，而不是一台机器。

因为电子讯息的互动是通过计算机网络产生的，使用者经常会不自觉地忘记与自己真正互动的是远程的人。许多情绪激动的字眼也因此不经意地随手送出，导致伤到对方甚至引起冲突。记住：写电子邮件，实际上和你写一封信是完全一样的，只是差别在传递的方式不同罢了。

（2）电子信件标题要明确且具描述性。

电子邮件一定要注明标题，因为有许多网络使用者是以标题来决定是否继续详读信件的内容。此外，邮件标题应尽量写得具有描述性，或是写与内容相关的主旨大意，让人一望即知，以便对方快速了解与记忆。

（3）信件内容应简明扼要。

在线沟通讲求时效，经常上网的人多具有不耐等候的特性，所以电子邮件的内容应力求简明扼要，并求沟通效益。一般信件所用的起头语、客套语、祝贺词等，在在线沟通时都可以省略。尽量掌握一个讯息、一个主题的原则。

（4）考虑他人计算机的容量。

上线沟通的网友所拥有的系统与硬件不尽相同，这其中还有人仍在使用传统的终端机和陈旧的电子邮件系统（如系统无法自动断行）。为确保对方能读到自己发出的讯息，撰写邮件时应特别注意传送对象，考虑其是否有系统的限制。以一般的英文信件撰写而言，一行最好不要超过80个字母，并以Enter键结束每一行文字。

（5）了解传送出去的讯息将潜在永久留存。

尽管信件有一定的邮寄对象，但经过网络传输，也许邮寄出去的信件将会永久被存于某处私人档案或转印成文件到处流通。因此，在送出电子邮件时应谨慎地评阅所撰写的字句，以免他日落下笑柄。

（6）理清建议或意见。

若要表达对某一事情的看法，可先简要地描述事情缘起，再陈述自己的意见；若是想引发行动，则应针对事情可能的发展提出看法与建议。有时因讯息太过简短或表达不够清楚，收信对象可能会不清楚发信者陈述的到底是建议还是意见，从而造成不必要的误解或行动。

（7）避免使用太多标点符号。

我们经常会看到一些电子信件中夹杂了许多标点符号，特别是惊叹号。若真要强调事情，应该在用词遣字上特别强调，而不应使用太多不必要的标点符号。

（8）小心幽默的使用。

在缺乏声调的抑扬顿挫、脸部表情与肢体语言的电子邮件中，应特别注意幽默的被误解与扭曲。若想展现幽默或特定情绪，发信者必须写明或使用“情绪符号”（如“:)”代表笑脸、高兴）。无论所开的玩笑是多么明显，最好加注以提醒收信者真正的意思。

（9）切勿讲一些不会在公众场所对他人讲的话。

在发信之前问问自己，你会在公众场所中面对面地对他人讲这些话吗？如果答案是否定的，请再重读重写，或重新思考到底要不要发出这么一份讯息。

（10）特定邮件中加上密码。

有些特定的邮件内容会触犯他人，为避免不必要的纷争，可考虑在这些邮件上加密。密码学是一门极为专业的学问，在一般的电子邮件中是不会被应用的。想要知道更多跟密码有关的讯息，许多网络系统均设计有特殊加密和解密的功能，只要详询网络即可获知。

（11）勿于学术网络上从事商业行为。

一般学术网络是禁止商业行为的，请不要任意违反此共识。当然，张贴营利广告也是不受欢迎的，而这些附有营利性质的广告包括：产品促销、自我业务推广、在特定群体中散播营利消息，以及提供迅速致富的方法等等。

3. 养成良好传送习惯。

（1）注明送信者及其身份。

除非是熟识的人，否则收信人一般无法从账号解读出发信人到底是谁，因此标明发信人的身份是电子邮件沟通的基本礼节。有许多人将自己的身份设计成一个附着档案，每当发信出去时，此档案也将自动地贴附在该讯息后面。我们希望针对“身份设计”强调两点注意事项：首先是“身份设计”应充分代表发信者自己，无论是引用文学名作词句或以图绘表示，都必须真实且充分地反映自己。有些人的身份设计为：* * &%^$&（^）@C. Y > Liang，读来不免让人感觉他或许是一个“精神错乱”的人；其次是切勿过度装饰自己的“身份设计”，例如引用名作太多或图绘太华丽等等，均会妨碍电子邮件的正常沟通效益。

（2）遵守一般法律规定。

进行网际沟通时，一般日常生活中的行为准则亦须遵守。因通过计算机系统，要撷取、复制或篡改他人作品是相当容易的，因此在网际空间中对于版权的尊重是非常重要的。凡是引用或改编他人文字或图绘作品时，须要对原作者与原作品的出处详加注明，以示尊重。

（3）勿任意或无心地浪费频宽。

传送冗长文字与大型图绘均会占用大量的频宽，造成网络塞车。为避免浪费网际空间使用者的宝贵时间，应谨慎考虑传送讯息容量的大小。

（4）小心附件功能的使用。

在若干电子邮件系统中，由于附件功能的缺乏或不成熟，会造成使用者无法顺利阅读文件。使用者也经常会因对附件功能的不熟悉而误删邮件，因此，如果附件内容不长时，请直接撰写于信件中。若一定要使用附件功能，也须注明附件的大致内容及撰写软件，例如：“本信具体内容见附件，撰写软件为Word 12.0 for Windows。”

（5）勿重复传送同一讯息。

勿一再传送相同的讯息给相同的对象，这不仅会使网络超载而降低传输速率，同时也占用他人的信箱容积。此外，传送电子信件时也须注意，不要分别发送相同的讯息给多个组群，因为有不少网络使用者同时隶属于几个不同的电子邮件组群，如此一传送，这些使用者势必会重复收到相同的讯息。若要传送邮件给多个组群，请一次传送完毕。

（6）定期检查计算机系统的时间与日期之自动标示。

电子邮件传送时会以所用计算机的设定日期与时刻来标示信件发送的时间，为避免不必要的误会发生，使用者须定期检查计算机系统时间与日期设定是否正确。

三、回复电子邮件的礼仪与规范

（1）情绪高涨时避免立即回复讯息。

人们习惯于面对面的口语传播，脸部表情与身体语言都会辅助沟通的效益。然而，使用电子邮件沟通却缺乏这些看得到或听得到的辅助，极易造成误解。有很多字句在日常口语沟通时并不会冒犯他人，例如有人以三字经作为见面时打招呼的口头禅，但若将其写入邮件传送给不明事理的人，恐怕将引起不可预期的纷争。当来信引发个人情绪高涨时，此时应等心情平静后再看一遍，恢复正常理智时，解读信件内容的方式或许全然不同。

（2）谨慎处理恶意中伤的邮件。

在网际空间中，恶意中伤或会引起争端的邮件通常被称为“Flames”。对于 Flames 的处理要非常谨慎，以避免中计而造成连锁反应的污蔑行为。应付 Flames 最好的方法为：忽视它！

（3）阅读信件时应设法理清建议与意见。

如同撰写传送邮件时须注意理清建议与意见一般，阅读他人邮寄来的信件也须注意这项原则。详细辨明来信到底只是表达看法、反映需求还是提出方案、鼓吹行动。如此，才能适当地回复来信。

（4）避免非相关主题性的言语。

网际空间具有八卦传播与闲聊的特性，切勿让自己无心的言论变成他人嘲弄或攻击的话题。因此，回复他人建议与意见时，必须扣紧主题，并提出相关的实证予以说明，尽量避免非相关主题的言论涉入回复信函的内容中。此外，要回复他人信件时，请使用“Reply”（回复）的功能，不要另起标题而造成对方的混淆。

（5）将同一主题的所有后续意见阅读完毕，再回复自己的意见。

在回复某一特定信函之前，请先阅读所有已回复该信的内容，也许你原定的回复内容已有十个人讲过相同的意见。若真如此，只须轻描淡写地表达即可，无须重复大家已觉厌烦的意见。在网际空间中，长篇大论往往不会引发他人阅读的兴趣，反而是那些精简有力的言论会吸引群众。

（6）确认将要回复的对象是谁。

在网际空间中进行公众事务的讨论时，请再三思考回复的对象到底是谁？有必要将自己的意见广播吗？或许，只须回复意见给发信者，并加注说明：如果你觉得有必要将这个意见广播给大家，敬请传送无妨！署名代表着回复者对其言论负责的态度，也让回复者因其精辟的言论而获得赞誉。

（7）切勿在未经同意前，将他人信函转送给第三者。

若要把他人的来函转送给第三者，须先征询来信者的同意，否则就犯了网络礼仪的大忌！对来信者而言，邮件内容是针对收信者所撰写的私人信函，不见得适合他人阅读。

（8）考虑替代性的沟通渠道。

回复电子信件前，再思考一下：为何不拿起电话与对方聊聊或约个时间当面签复？别忘了，电子邮件的沟通缺乏太多人类熟悉的沟通辅助（如表情、肢体语言等）。见面三分情，即使是使用电话，状况也会完全不一样的，更何况目前太多的人都是以非自己母语的英文进行电子邮件沟通，误解与纠纷自然在所难免。最后，要提醒所有人，当你们成为优秀的公民时，千万要遵守互联网的礼仪，不要认为在计算机的世界里，没有人可以看见你，就可以为所欲为。

四、搞清楚 CC（抄送），BCC（加密抄送），FW（转发），收件人

如果你的直接主管是喜欢事必躬亲的，或者这件事你需要领导支持，一定要去 CC（抄送），不然你做了很多事情，领导不知道，你就是出了事也没人挺你。就算领导没时间看也没关系，别的收件人看到也是一样的效果。他如果不给你面子就等于不给你老板面子。

BCC（加密抄送），员工可以放在加密抄送栏。举例来说，你需要别的部门做一件事，你要写邮件给这个部门的经理，为了得到老板支持，你又必须抄送你的老板，但这件事最终执行得怎么样，需要你的员工去跟进。很多人会犯的错误就是把员工也放在抄送栏，想想看，员工和领导放一起多么的不恰当，这时候加密抄送就奏效了。再口头嘱咐一句，员工就能了解事情的前因后果去帮你跟进。

多说一句，永远别高估你员工的智慧，所以该做什么，什么时候要做好一定要交代清楚，别指望员工能在几件事情之中清楚地知道要先做哪件；还有，同一件事情要是给两个及以上的员工一起做，一定要分清楚谁做什么，别指望员工能自我协调，否则很可能“三个和尚没水吃”。

FW（转发），身为一个领导，用得最多的就是转发。每天很多事情，分轻重缓急，很多简单的事情直接可以转发给你的员工去处理。转发后加个批示“×××，(请处理)”，简单明了。

有些事情你无法决定，或者说超出你的权限，也需要转发给领导，请求领导批示。还有一些不需要批示，只是给领导一个信息。最忌讳的不是什么都不写的原文转发，而是仅仅写个 FYI（for your information，仅供参考），领导不是你的员工，FYI 的语势却是平等的或者是从上到下的。

五、关于回复

礼貌上讲，邮件中涉及的人都需要回复在相应的位置，并且包含原文。只回复一个人是极度不礼貌的。

六、关于已读回执

要求对方给已读回执，通常是鉴于以下两个功能：

1. 内容很重要的邮件，需要知道对方是否读过。如果是需要在限定的时间内读，用邮件的优先级功能即可，这是另一个问题了。

2. 是个人目的，看收件人究竟打开过没有。

每个邮件系统的设置并不一样，有的邮件系统是收件人一旦打开会自动发送已读回执的，且没有任何记录可查（在已发送邮件里面是不会出现的），但也有的系统是询问后根据你的选择发送的，已发邮件有迹可查。如果是前者自动发送，那么你可以实现功能一及二；如果是后者，那么很抱歉，你可能什么都无法实现。收件人完全可以读过以后选择不发送已读回执。

最近的实践表明，即使是自动发送已读回执，如果收件人刻意避免，还是可以操作的，在预览状态下看完邮件，根本就不需要打开，只要不双击打开，就不会自动发送已读回执。

七、关于优先级

加了感叹号的红色邮件总会引起阅读者的重视，但是发这样的邮件一定要看是否必要。所谓重要，需要发件人很好地判断。

八、给上级写邮件如何做到良好的交流效果

1. 汇报工作。

总结自己干了些什么、做了多少和别人觉得你做了多少很多时候不能画等

号，而很遗憾的现状是——评价一个人的绩效取决于后者。邮件正文需要提纲挈领，如果你一定要把自己做的事情详细阐述，请在附件里写。要知道领导的时间远比你的宝贵。

2. **请求批示。**

写清楚什么事，如果领导完全不知道的事，还需要补充背景资料，切忌自以为领导什么都知道。很重要的一条是不要自作聪明加上许多自己的分析，要知道领导不会比你笨，至少不要表现出来。更重要的一条是不要只提出问题不提出解决方案。这个需要一点技巧，汇报了一个问题，然后委婉地说自己的看法，最后的决定却是领导的。懂得解决问题的才是领导，只会反映问题的不过是职员而已。

当然前因后果实在太复杂的话，还是带上相关资料面对面汇报更节约时间。时刻记住当一封邮件需要的阅读时间超过 10 分钟，电话或者面谈会是更经济的选择。笔者曾经遇到过一个特别擅长写邮件的女同事，洋洋洒洒每次前因后果一大堆，10 分钟都看不完。她的邮件显然是任何一个人看到就会皱眉的。

3. **转发资料。**

可能你作了什么报告，领导忽然需要调用，你发过去，最重要的就是写清楚主题。如果要谄媚一点，还可以打印好拿过去方便领导看。但电子版发过去会更好。

所谓细节决定成败，这些都是细节，却也可以是一个人良好的职业习惯。

第三章
实现有效社交的四大法则

第一节　印象整饰法则

一、印象整饰效应

印象整饰，亦称印象管理，是指一个人通过一定的方式影响别人形成的对自己的印象的过程，即个体进行自我形象的控制，从而使他人印象符合个体期待。

印象整饰是个体适应社会生活的一种方式，也是社会互动的一个根本方面。在现实生活中，在不同的情境，每一个个体都承担不同的社会角色。而在每一种情境中，个体要为他人、公众与社会所接受，其行为必须符合社会期待。人们在交往中也总是力求创造最适合自己的情境统一性。为了更好地适应并达到这种统一性，个体就要实施有效的印象整饰。

这种技巧是自我调节的一个重要方面，也包括了与他人的社会互动。自我认知观点的核心和人类的一种基本动机是：不论个体在组织内部还是组织外部，都渴望被别人积极看待，避免被别人消极看待。

二、印象管理的过程

印象管理的过程包括两个阶段，一是形成印象管理的动机，二是进行印象建构。

1. **印象管理的动机。**

印象管理的动机是指人们想操纵和控制自己在他人心目中的印象的意愿程度。个体印象管理的动机水平将取决于以下三方面的因素：

（1）印象与个人目标的相关性。

越是与个人目标密切相关的印象，个体进行印象管理的动机就越强烈。在组织中，个体的工作能力、工作方式、形象，与个体的目标关系密切。

（2）这些目标的价值。

越是有价值的目标，个体进行印象管理的动机就越强烈。例如，提升对个体来说，是非常有价值的目标，而上级和同事对自己工作能力与工作方式的印象，则直接影响个体的提升，因此，个体会非常在意使上级和同事形成有关自己工作能力与工作方式的好印象。

（3）一个人期望留给他人的印象与他认为自己已经留给他人的印象之间的差异。

这种差异越大，个体的印象管理的动机就越强。例如，某人希望上级赏识自己的能力，下级认可自己的工作方式，当认为上级过去已形成有关自己能力的不良印象，或者下级已形成有关自己工作方式的不良印象时，个体改变这种印象，对自我印象进行管理的愿望就会更强烈。

2. 印象建构。

印象建构是指个体有意识地选择要传达的印象类型并决定如何去做的过程。印象建构又包含两个过程，即：

（1）选择要传达的印象类型；

（2）决定如何去做。

要传达的印象类型不仅包括个人的人格特征，也包括态度、兴趣、价值观或物理特征等。研究发现，有五个因素影响到我们选择试图要传达的印象类型，这五个因素是：自我概念；期望或不期望的同一性形象；角色限制；目标价值；现有社会形象。

当人们选择了要传达的印象类型后，接下来要做的就是：决定如何去传达这一印象。但很少有研究探讨人们是如何选择合适的方式来影响他人形成对自己的印象的。例如，是以直接的方式来表达自己有能力，还是通过间接的方式来传达自己有能力，哪种方式更好？

不同的人进行印象建构的能力是不一样的，有些人可能比别人更善于建构自我形象。例如，研究发现：高度自我监控的管理者对协调其自我表现或印象更加敏感，反应更强。而这些高度自我监控的人也被认为更有可能获得提升，也更有可能流动。

三、印象整饰技巧的策略

在不同的人际交往中，互动的双方都知道对方在不断评价、判断自己，从而产生各种印象，它会影响对方的反应。所以个体往往选择恰当的言辞、表情以期给对方留下一个好的印象。印象整饰是一种社交技巧。其策略大致有：

1. 按社会常规或以对方的好恶整饰自己。人的外表最容易为他人所知觉，因此个体往往留意修饰外表，尤其在异性面前更是如此。

2. 隐藏自我。个体的真实自我也许不受他人和公众欢迎，为使他人对自己产生良好的印象，形成良好的人际关系，个体常常把真实的自我隐藏起来，好比戴上一副“面具”。

3. 按社会期待整饰自己，使自己的行为符合角色的社会规范。例如，教师在学生面前表现出符合教师这一社会角色的行为。

4. 投人所好。个体为了得到他人的好评，形成良好的印象，往往投其所好，采取自我暴露、附和、谄媚、施惠等手段。

其实，印象整饰的策略远不止这四种，不同的人有不同的印象整饰方法，只要个体采用的方法为他人、公众所认可，且达到预期的目标，给他人一个好的印象形成即可。

四、我们面对陌生人时如何运用印象整饰

在陌生人面前最难做到得体优雅，那么我们如何运用印象整饰原理使得自己的交往更加顺畅和轻松呢？

第一种是**常规模式下的印象整饰**。比如，大家都喜欢漂亮的外形，那么，都来减肥瘦身吧，或者见面之前化妆打扮吧。若在常理范围内，适当地减肥瘦身以及梳妆打扮并无不妥。予人欢喜，自己欢喜。同时穿着专业得体。不论你在不在乎流行，合宜的打扮绝对是必要的。不过，万一过头了，反而会造成反效果。例如：身为电脑工程师，却总打扮得像国际巨星，这就不免让人怀疑，到底他是把时间花在电脑桌前，还是穿衣镜前？

第二种是**戴上面具掩饰自我**。比如，一个常常急躁虚浮的人，在特殊场合，为了掩饰自己，会装得斯文柔和，很多人在这个场合温文尔雅，在另一个场合就颐指气使了，因为，温文尔雅是他的面具，而颐指气使是拉下面具后他的习性。很多外表彬彬有礼的人，内心也许禽兽不如，外人看他完美无缺，家人看他可能诸多毛病。如果你注意观察，会发现很多人的面具根深蒂固地长在脸上。这种人很难识别。

第三种是**抬高自我**。通常，抬高自我的人都懂得自夸，更高明的抬高自我的人会在自夸之前先自贬，露出自己一些无关紧要的弱点与瑕疵，再抬高自己的优点与长处，那往往会使对方对自己印象更深刻更真实。这种人相当危险，城府太深。

第四种是**投其所好**。比如顺从、谄曲、逢迎、恭维、施惠，这些都是很多人喜好的，但不表示就是他人心甘情愿这样做的，所以，那个笑眯眯地听你说话的人，也许心里在骂你傻瓜，而那个送给你金钱的人也许心里在嘲讽挖苦你。

除上述四种技巧之外，还有如下几种不可以忽视的小技巧：

1. 充满自信愉快。

一个人的形象，除了靠衣装，更得靠“心装”；也就是说，如果只有外表的精致，却缺乏内心的能量来撑出个人魅力，那么别人只会记得你是个衣架子，对整体形象的帮助恐怕不大。抬头挺胸、目光坚定、神情愉快的表现，则能传达出令人印象深刻的风采。

2. 尽量谈论事件的品质相关议题。

最佳的印象整饰话题，不是高谈自己的丰功伟业来彰显一番，而是谈论与工作品质相关的话题，例如：如何能提高工作效率，提升自己的工作品质；以及如何能更快提供同事所需要的协助等等。表现自己对工作的在乎，便会牵引出高成就动机的正面印象，绝对比叽里呱啦、自吹自擂来得讨人喜欢。

3. 乐于助人。

管理研究发现，最受欢迎的人是有团队精神、乐于助人的人。因此，去留意相关陌生人的需要，主动给予协助，不吝传授自己的专业，并且时时鼓励及赞美对方，提供情绪上的支持等等，这些做法会让你成为优秀的一个人，并让人感到温暖并信赖你。

4. 在压力下表现冷静。

一个人到底有多大能耐，从他如何面对巨大压力最容易看出。如果能在压力中表现得沉着冷静，不但有助于问题的解决，同时也能让对方在你的印象分数上，大大加上好几分。

只要能善用自己的特长，呈现出最好的一面，你就能成功地做印象整饰，在面对陌生人时得到应有的肯定，且能更有效率、更充满斗志地生活和交流。

第二节　暗示效应法则

一、暗示效应

心理学中，在无对抗条件下，用含蓄、抽象诱导的方法对他人的心理和行为产生影响，从而使他人按照一定的方式去行动或接受一定的意见，使其思想、行为与暗示者期望的相符合，这种现象称为“暗示效应”。这个效应中所谓的暗示是指：人或环境以非常自然的方式向个体发出信息，个体无意中接受了这种信息，从而做出相应反应的一种心理现象。

二、如何利用暗示效应进行心理调节

在日常生活中，一定要认真对待各种语言暗示、行为暗示、信誉暗示、情境暗示、表情与动作暗示等。当我们感觉到来自他人的暗示，甚至已经因此而导致自己身心发生改变时，一定要注意分析暗示的来源、原因以及对自己的作用，尽量做到接纳积极暗示，摒弃消极暗示。

在我们与他人交往时，如果发现他人有可能受到自己的暗示时，也要注意暗示的方式和度，尽量使他人接受积极的、适度的暗示，防止因为暗示而导致他人心理甚至行为方面出现不必要的矛盾。

古人虽然没有读过心理学，也说不出“暗示效应”的专业术语，但他们却会运用暗示效应。最典型的例子就是《三国演义》中的“望梅止渴”。曹操有次率兵远途跋涉，天气炎热，官兵们又累又渴，偏偏又找不到水井和溪流。于是曹操大谈：“前面山上有一片梅林……”因为梅子是酸的，所以一提到梅

子，“酸”的心理暗示便发挥了作用，于是，人们的口腔便大量分泌唾液，起到了暂时解渴的效果。你看，曹操不仅是一位政治家、军事家，而且还是一位“心理学家”，他不自觉地运用了暗示效应。

望梅止渴出自小说，很可能是作者的虚构，但却艺术地反映了生活真实。

三、暗示的分类及运用

日常生活中，我们可以将暗示分为两大类，即无意识的暗示和有意识的暗示。

无意识的暗示往往是没有明确目的，是在无意中使对方产生暗示效应。比如有一个两岁半的男孩家里来了一位陌生的客人，初次见面客人就很喜欢这男孩，拉着他的手说：“这孩子真乖，叫什么名字呀?”男孩偷看了客人一眼，马上跑到母亲的背后不声不响，妈妈说：“还说他乖呢，都不肯叫人。”妈妈再三催他叫叔叔，孩子就是不叫。这是由于暗示引起的认生：暗示是属于无意识暗示中的反暗示，这种暗示者（母亲）将被暗示者（孩子）在无意中判定为不肯叫人的孩子，被暗示者则不知不觉地也就扮演成一个不乖的、不叫人的角色。这种暗示在与陌生人交谈过程中起着润滑剂的作用，在对方不经意间就能发挥作用。

有意识的暗示是有明确目的性，使他人产生预定的效应。暗示的表现一般是通过语言形式来进行的，但也可以通过手势、表情或其他暗号来示意。这需要你在暗示前有一个计划，要暗示的是什么，如何暗示，暗示有没有歧义等。技巧可以通过彼此都熟悉的事件、人物、心理等进行转化、修饰、补充，将自己要暗示的部分添加进去，尽量让对方未听出你是在采取暗示的方法，以免引起反感。接着就是完善暗示后的结果，使其向着你所预期的结果发展，而达到了最终的目标，就可以说暗示成功。

其实很多时候说话不是要表明什么观点，而是要表明自己的态度，或者试探别人的态度。生活在社会中的每一个人，其实经常使用着暗示，或暗示别人，或接受别人的暗示，或进行自我暗示。积极的心态，如热情、激励、赞许或对他人有力的支持等等，使他人不仅得到积极暗示，而且得到温暖，得到战胜困难的力量。反之，消极的心态，如冷淡、泄气、退缩、萎靡不振等等，则会使他人受到消极暗示的影响，使他人承受的不仅仅是暗示带来的痛苦与压力，而且还会波及他人的身体健康。

学会暗示，我们都会成为聪明的交流者。

第三节　察言观色法则

一、察言观色是与陌生人交往中的基本技术

察言观色难么？很多人都认为，很小就已学会看脸色，而成年之后这方面功力应该有增无减，那为什么对许多人来说，在面对陌生人时察言观色仍是个颇令人头痛的难题？其实简单地说就是怎么与人沟通。与人沟通的技巧中不可或缺的一点即认真对待对方，这其中就包括了对方的脸色表情、穿着举止等等，也就是我们所谓的察其言、观其色的部分。

二、察言观色需要什么

察言观色难于控制和把握的原因包括：

1. 自己不够用心。当你只忙着说，忘了专心看，当然就对他人的表情视而不见了。

2. 对方很会修饰。碰到的职场老鸟修饰情绪功力一流，喜怒不形于色，当然不好参透。

3. 周遭讯息太多。恐怕最重要的，还是因为除了脸部表情，我们还同时接收到自头至脚的其他肢体动作，以及来自环境四周的线索之故。

察言观色需要相当好的观察能力、辨别能力、语言能力以及自信心等等。

首先，观察能力的提升在于阅历的增加，看一个人喜欢什么、爱好什么、有着什么样的品位，主要是通过对话、穿着、动作以及主观行为等几方面。语言能力的提升主要是靠阅读与交谈，阅读带来的是大量的知识，而交谈则是对

自身语言的训练，拿捏好尺度，尊重，投其所好。

其次是辨别能力。辨别能力主要是通过观察和交流去辨别被观察人的心理动向，一个小动作、喝一口水、流露出来的眼神等等都代表着一个人的心理动向，要做到有很强的辨别能力，这就需要好好地看看书。

还有自信心，其实代表着是一种个人素养，当一个人的个人素养达到了某一个阶段的时候，不仅仅能做到察言观色，还是一个倾听者，一个被别人信任的人，一个众人的导师。

综上所述，懂得如何推理和判断才是察言观色所追求的顶级技艺。言辞能透露一个人的品格，表情眼神能让我们窥测他人内心，衣着、坐姿、手势也会在毫无知觉之中出卖它们的主人。如果说观色犹如察看天气，那么看一个人的脸色应如“看云识天气”般，有很深的学问，因为不是所有人、所有时间和场合都能喜怒形于色，相反是“笑在脸上，哭在心里”。我们如能在交际中察言观色、随机应变，也是一种本领。

所以，要察言观色，更多的要增加知识储备、提高语言能力以及增强自身素养。

三、察言观色技巧

察言观色是很有学问的技巧。人内心的思想，有时会不知不觉在口头上流露出来，因此，与陌生人交谈时，只要我们留心，就可以从谈话中深知别人的内心世界。

1. 由话题知心理。

人们常常将情绪从一个话题里不自觉地呈现出来。话题的种类是形形色色的，如果要明白对方的性格、气质、想法，最容易着手的步骤，就是要观察话题与说话者本身的相关状况，从这里能获得很多的信息。

与中年妇女交谈时，她们的话题多是她们自己，因为她们觉得自己才是她们最大的关心对象。有时也谈论丈夫或孩子，那是她们把丈夫或孩子看成了自己的化身，谈论他们也等于在谈论自己。对于这样的中年妇女，你要作为一个倾听者的形象出现，承认她们是贤惠的妻子、伟大的母亲。

在年轻小伙子的世界里，他们最爱谈论的话题是车子。关于车子的杂志也跟音乐、足球杂志一样畅销。小伙子的话题几乎都与车子的品牌、行程距离、速度等有关，虽然，他们中的大多数人都暂时买不起车。其实，他们那么热衷于车的话题，无非在表示自己将来有能力购车，或者是自己对这些懂得很多，这也是一种时髦的话题罢了。因此，你要聚精会神地听他们侃车，最好不要摆出讨厌或不耐烦的脸孔，你的耐心就可以满足他们的虚荣心。

2. 措辞习惯流露出的“秘密”。

语言表明出身，语言除了社会的、阶层的或地理上的差别外，还有因个人水平而出现差别的心理性的措辞。人的种种曲折的深层心理会不知不觉地反映在自我表现的手段——措辞——上。即使同自己想表现的自我形象无关，通过分析措辞常常就可以大体上看出这个人的真实形象。在这种意义上，正是本人没意识到的措辞的特征比词语的内容更为雄辩地告诉我们其人自身。

3. 用座位画一张“人心地图”。

在人与人之间的关系中，坐什么座位，怎样坐，都反映了人的深层心理。首先，坐什么位置，直接反映出社会、集团传统的上席、下席或优势、劣势的意识，就是现在，拘泥于形式的聚会或老年人多的聚会上，谁坐什么位置就常使主持者头痛，在会议参加者之间常常发生不必要的相互推让或争执。其次，所有的人都有在自己身体的周围保持自己专用空间的心理，如果被侵犯就会不悦，并产生不安。这个空间称为“身体范围”。通常，人是互不侵犯这种范围的。

4. 从穿戴看透内心。

人本来是赤裸裸地来到这个世界上的，为了隐藏自己的庐山真面目，才穿衣服。其实，人们不曾想到，恰恰是自己喜爱的衣服，包括颜色、质料，反而把自己毫无掩饰地呈露了出来。因为每个人所选购的衣服把自己的心理状态表现得袒露无遗。

（1）衣着华丽者自我显示欲强，爱出风头。

在大庭广众之中，我们可以发现某些人总是穿着引人注目的华美服饰，这种人大体上有强烈的自我显示欲。

同时这种人对于金钱的欲望特别迫切。所以，当你看到这类身着华服的人，或同事中有这样的人时，你就能洞察到他们的这种心理，多夸奖他们的服饰，满足其膨胀的显示欲是一个好办法，这种人就不会轻易与你为敌。

（2）衣着朴素者缺乏自信，喜欢争吵。

有一种人穿着朴素，不爱穿华美的衣服，这种人大多缺乏主体性格，对自己缺乏信心。希望对别人施予威严，想要弥补自己自卑的感觉。

遇到这种人，就别与他们争执不休，因为越是自卑的人，越想掩饰自己的自卑，越会与人喋喋不休地争吵，以期保存剩下的一点点面子，这反而不利于和他维系关系。这时候，你大可以大大方方承认他的观点，他反而会感到你的宽容大度，你会取得意想不到的效果。

（3）喜欢时髦服装者有孤独感，情绪常波动。

有一种人，完全不理会自己的嗜好，甚至可以说不知道自己真正喜欢什么，他们只以流行为嗜好，向流行看齐。这种人在心底里常有一种孤独感，情绪也经常不安。

四、几种重要的人体心情颜色密码

在了解了察言观色的技巧后，我们还总结了人体上最明显但也不好把握的密码。通过这些密码，我们可以更好地看出陌生人的内心，从而更好地应对和交流。

1. 脸部表情。

心理学家发现，人类至少有六种与生俱来的原始面部表情：喜悦、悲伤、厌恶、愤怒、惊讶、恐惧。通常在两岁之前，我们就已经能够用相应的脸部表情来表达这些原始情绪。而你我看脸色的功力也是自幼就养成的，在四五岁时，我们就能辨认一半的面部表情，而到了六岁左右，看脸色的正确度就达到了75%，很神奇吧？

至于辨认表情的诀窍，则在于分析脸部的几个重要线条：嘴角（上扬或下垂）、嘴型（张开或紧闭）、眉毛（上扬或下垂）、眼角（上扬或下垮）、眼睛（睁大或微眯）以及额头（眉毛上扬到额间有横纹，眉头紧蹙则眉间有直纹）。而我们之所以能区别这些情绪，是因为我们知道，某些脸部区域对辨认某些情绪特别重要。例如，对悲伤与恐惧而言，眉毛及额头就特别重要；而厌恶与喜悦的情绪则以嘴巴的表情最有意义。

当然，我们不能只简单地从表情上判断对方的真实情感。在以表情突破对方心理时要注意以下两方面：

（1）没表情不等于没感情。

生活中，我们有时会看到有些人不管别人说了什么、做了什么，他都一副无表情的面孔。其实，没表情不等于没感情，因为内心的活动，倘若不呈现在脸部的筋肉上，那就显得很不自然，越是没有表情的时候，越是容易冲动。

例如，有些职员不满主管的言行，只是敢怒不敢言，只好故意装出一副面无表情的样子，显得毫不在乎。其实他内心的不满很强烈，如果你这时仔细地观察他的面孔，会发现他的脸色不对劲。碰到这种人，最好不要直接指责他，或者当场让他难堪。最好这样说："如果你有什么不满，不妨说出来听听！"这样可以安抚他正在竭力压抑着的感情。

这种时候也不宜说话过多，避免正面交锋，而应另择时间，开诚布公地与员工交换意见，这样就可以圆满解决与员工的这种低潮关系，主管的好形象就树立起来了。

毫无表情有两种情形，一种是极端的不关心，另一种是根本不看在眼内。例如，这里在谈话，有人就很茫然地看到这边来，表现不知如何是好的模样，这就是一种根本不看在眼内的表情，这有可能代表的是一种好意。尤其是女性，倘若太露骨地表现自己的好意，反而不妥，不如就显现出一种近乎漠不关心的表情来。

（2）愤怒悲哀或憎恨至极点时也会微笑。

这种情况眼光表情不同，通常人们说脸上在笑、心里在哭的正是这种类型。纵然满怀敌意，表面上却要装出谈笑风生，行动也落落大方。

人们之所以要这样做，是觉得如果将自己内心的欲望或想法毫无保留地表现出来，无异于违反社会规则，甚至会招致众叛亲离，或者成为大众指责的罪首，恐怕受到法律的制裁，不得已而为之。

由此可见，观色常会产生误差。满天乌云不见得就会下雨，笑着的人未必就是高兴。很多时候，人们把苦水往肚里咽着，脸上却是一副甜甜的样子。反之，脸拉沉下来时，说不定心里在笑呢。

2. **肢体语言**。

要能正确地解读肢体语言，须先了解几个原则：

（1）肢体语言反映的，通常是一种生理状态（例如背痛）或一时的心智状况（例如沮丧），而不是常态性的人格特征。因此用肢体语言来判断一个刚见面的人的性格，其实太武断。

（2）不同的情绪，往往可能会经由类似的行为来宣泄，例如眼神接触不佳可能代表不诚实、无聊、紧张、生气或傲慢，所以千万别死记每个单独动作的含义，而要结合整体情境来作判断。

（3）一致性是解读肢体语言的关键。美国FBI在训练调查员时，强调要看的不只是他做了什么，更是他改变了什么。如果对方一直低着头状似沮丧，此时突然因某个问题而激动抬头，那这个改变就值得大大解读。

（4）先清楚要找到的特质，才能更好地确定解读讯息的方向。先确定自己想看的是其抗压能耐的特质之后，再来收集蛛丝马迹，绝对比漫无目的地分析有效果得多。

3. **透过眼神辨人心**。

希腊神话里有这样一个故事：若被怪物三姐妹中的美杜莎看上一眼，立刻就会变成石头。说白了，这是将眼睛的威力神化了。

从医学上来看，眼睛在人的五种感觉器官中是最敏锐的，占感觉领域的70%以上，因此，被称“五官之王”。孟子云：“存乎人者，莫良于眸子，眸不能掩其恶。胸中正，则眸子瞭焉；胸中不正，则眸子眊焉。”从眼睛里流露出真心是理所当然的，“眼睛是心灵之窗”。

深层心理中的欲望和感情，首先反映在视线上，视线的移动、方向、集中程度等都表达不同的心理状态。观察视线的变化，有助于人与人之间的交流。爬上窗台就不难看清屋中的情形，读懂人的眼色便可知晓人们的内心状况。

从眼睛看人的方法由来已久。人的个性是一成不变的，无论其修养功夫如何深远。俗语说：江山易改，本性难移。看人的个性还是简单的，而情则不然。性为内，情为外；性为体，情为用。性受外来的刺激，发而为情，刺激不同，所表之情各异。情所表现最显著、最难掩的部分，不是语言，不是动作，也不是态度，而是眼睛。言语、动作、态度都可以用假装来掩盖，而眼睛是无法假装的。我们看眼睛，不重大小圆长，而重在眼神。

眼神沉静，便可明白他对于你着急的问题，早已成竹在胸，定操胜算。只要向他请示办法，表示焦虑。如果他不肯明说，就说明事关机密，不必要多问，只静待他的发落便是。

眼神散乱，便可明白他也是毫无办法，徒然着急是无用的，向他请示，也是无用的。你得平心静气，另想应付办法。不必再多问，这只会增加他六神无主的程度。这时是你显示本领的机会，快快自己去想办法吧！

眼神横射，仿佛有刺，便可明白他异常冷淡，如有请求，暂且不必向他陈说，应该从速借机退出，即使多逗留一会儿也是不适的。退而研究他对你冷淡的原因，再谋求恢复感情的途径。

眼神阴沉，应该明白这是凶狠的信号，你与他交涉，须小心一点。他那一只毒辣的手，正放在他的背后伺机待出。如果你不是早有准备想和他较个高低，那么最好从速鸣金收兵。

眼神流动异于平时，便可明白他是胸怀诡计，想给你苦头尝尝。这时应步步为营，不要轻近，前后左右都可能是他安排的陷阱，一失足便跌翻在他的手里。不要过分相信他的甜言蜜语，这是钩上的饵，是毒物外的糖衣，要格外小心。

眼神呆滞，唇皮泛白，便可明白他对于当前的问题惶恐万状，尽管口中说不要紧。他虽未绝望，也的确还在想办法，却一点也想不出所以然来。你不必再多问，应该退去考虑应付办法，如果你已有办法，应该向他提出，并表示有几成把握。

眼神似在发火，便可明白他此刻是怒火中烧，意气极盛，如果不打算与他决裂，应该表示可以妥协，速谋转机。否则，再逼紧一步，势必引起正面的剧烈冲突了。

眼神恬静，面有笑意，你可明白他对于某事非常满意。你要讨他的欢喜，不妨多说几句恭维话，你要有所求，这也是个好机会，相信一定比平时更容易满足你的希望。

眼神四射，神不守舍，便可明白他对于你的话已经感到厌倦，再说下去必无效果，你需要赶紧告一段落，或乘机告退，或者寻找新话题，谈谈他所愿听的事。

眼神凝定，便可明白他认为你的话有一听的必要，应该照你预定的计划，婉转陈说，只要你的见解不差，你的办法可行，他必然是乐于接受的。

他眼神下垂，连头都向下倾了，便可明白他是心有重忧，万分苦痛。你不要向他说得意事，那反而会加重他的苦痛；你也不要向他说苦痛事，因为同病相怜越发难忍，你只须说些安慰的话，并且从速告退，因为多说也是无趣的。

眼神上扬，便可明白他是不屑听你的话，无论你的理由如何充分，你的说法如何巧妙，还是不会有理想的结果，不如果断中止，退而求其他接近之道。

总之，眼神有散有聚，有动有静，有流有凝，有阴沉，有呆滞，有下垂，有上扬，仔细参悟之后，必可使人情毕露。

第四节　7 ±2 法则

一、7 ±2 法则是什么

19 世纪中叶，爱尔兰哲学家威廉·汉密尔顿观察到，如果将一把子弹撒在地板上，人们很难一下子观察到超过 7 颗子弹。1887 年，雅各布斯通过实验发现，对于无序的数字，被试者能够回忆出的最大数量约为 7 个。发现遗忘曲线的爱宾浩斯也发现，人在阅读一次后，可记住约 7 个字母。这个神奇的“7”引起许多心理学家的研究兴趣，从 20 世纪 50 年代起，心理学家用字母、音节、字词等各种不同的材料进行过类似的实验，所得结果都约是“7”。

1956 年，美国心理学家米勒教授发表了一篇重要的论文《神奇的数字 7 ±2：我们信息加工能力的局限》，明确提出短时记忆的容量为 7 ±2，即一般为 7，并在 5 到 9 之间波动。这就是神奇的 7 ±2 效应。

但是实验中采用的材料都是无序的、随机的，如果是熟悉的字词或数字，这样短时记忆还只能容纳“7”个吗？例如“c－o－o－p－e－r－a－t－i－o－n”，这个字母序列已经有 11 个字母，如果学过英语的人听到这个序列很快就能明白这是个词，意思是“合作”，并能很好地回忆出来，这不是违背了短时记忆的“7 ±2”效应了吗？不是的，这恰恰是神奇“7 ±2”存在的另一个奇特的现象。因为短时记忆中的信息单位“组块”本身具有神奇的弹性，一个字母是一个组块，一个由多个字母组成的字词也是一个组块，甚至可以通过一些方法把小一些的单位联合成为熟悉的、较大的单位，而且对知识的熟悉程度还会对它产生影响。例如“认知心理学”5 个字对于不懂心理学的人来说是 5

个组块；对稍懂心理学的人来说是2个组块（认知、心理学）；而对专业是心理学的学生、心理学家来说这5个字就只有一个组块。但不论人们储存的组块是什么，短时记忆的容量均为7±2个组块。

这个神奇的7±2，不仅给我们打开了认识记忆的窗户，让我们了解了短时记忆的限制，还给我们指出了提高记忆力的好办法。

让著名的长跑运动员弗朗西斯给我们做个范例，他可以一下子记住84个数字！这都是因为弗朗西斯经过锻炼，发现了一个对他非常有效的组合数字的方法！他根据自己的职业特点，注意到了很多的随机数字能被组织成不同距离的赛跑时间，于是产生了让人惊叹的神奇纪录。例如，他将数字序列3、4、9、2、5、6、1、4、9、3、5重新编码为3：49.2，接近1英里赛跑纪录；56：14，10英里时间；9：35，对2英里的距离而言时间有点长。

也就是说，如果能找到一些办法将大量可用的信息组成少量的组块，自己记忆的广度将会大大增加。通过专门训练，人的短时记忆容量可以扩大。就像弗朗西斯一样，你也可以根据信息对你个人的意义，对它进行组织（例如，将电话号码与亲戚朋友的生日相联系）；还可以采用一种节奏模式或者时间模式来对项目进行简单的组织，例如我们记忆手机号码时往往会采用3个或者4个一组来记忆，1369停顿，再继续下面的号码。不仅如此，节奏模式还对评议有着很好的组织作用。有一个学音乐的人，他把与别人的谈话当作了一种节奏，按照这种节奏来理解别人的意思，而成为一个非常优秀的推销员。或者把记忆任务赋予意义，例如“7－4－7”记作“波音747客机”，或将“7－14－4”记作“电话查号台”，以便在短时记忆中很好地处理信息。

这些方法对你有用吗？“记忆超群”是否已经不再是什么神话？伦敦学院大学的马格里（Eleanor Maguire）教授的研究证明了这一点。他与同事对普通人和那些被伦敦世界记忆锦标赛列入记忆力最强的人进行了比较。除了具有更强的记忆能力，采用了符合自己的记忆方法，记忆超群者在语言和非语言的综合测试中与普通人没有差别；磁共振成像技术（MRI）测试也表明，他们的大脑结构与常人没有明显差异。

二、7 ±2 法则的神奇作用

小明有一个苦恼，他总是抱怨自己的背诵能力很差，往往一大篇诗词会越背越乱，后来不但前后左右都搞不清楚，而且会把不相干的两首作品拼凑起来，前头是唐诗，后面接宋词，简直是一团糟。

张老师班里的同学可没有小明那么苦恼，张老师的课总是妙趣横生，课后学生总是能清晰地记住并理解所有的内容，写作业也不再是苦差事。

如果细心观察，其实都是短时记忆的容量作为“看不见的手”来导演的“好戏”。小明的问题就是一下子把记忆的电力开得太足了，结果只会越背越乱。而张老师在课堂内容编排上深谙其道，他早已摸清了自己学生所掌握的进度，于是每堂课都保证教给学生的新内容不超过 7 个。就这样，不管是学习课文还是呈现幻灯片，张老师给学生的学习任务都不超过 7 个，于是学生学得容易，记得牢固。

从上述实例可以看出，语言的条理性很大程度上取决于人对信息块的组织能力。“信息块”是我们不熟悉的、较小的信息单元（如字母）组合起来形成我们熟悉的、具有意义的较大的信息单元。每个信息块中的容量是不同的，心理学家默克多在 1961 年时，用实验验证了这一点。

他准备了三组试听材料：第一组是普通的三个英文字母，如 PTK；第二组是由三个英文字母组成的单词，如 HAT（帽子）；第三组是三个英文单词，如 EAR（耳朵）——MAN（男人）—— BED（床），然后让试听人员回忆。

结果发现：第二组的回忆成绩要明显好于其他两组，第一组和第三组被试的回忆成绩差不多。其原因在于：第二组被试记忆的只是 1 个信息块，而第一组和第三组被试记忆的都是 3 个信息块。

由于人的知识经验不同，对同一材料组成的信息块的归结、定位也可能不同。比如，“产品项目管理”，对于刚识字的小学生来说，它可能是 6 个信息块，每个字是1个信息块；对于一般的成人来讲，它可能是2个信息块，“产品”和“项目管理”；对于从事管理等相关职业的人来说，它仅仅是1个信息块，专有名词“产品项目管理”。

这个规律被发现后不久，著名心理学家米勒又做了这样一个实验：在一个关于数字广度的研究中，让被试者听到的数字是按“2、7、8、3、6、5、9”顺序呈现的7个数字，几乎所有的被试者都可以准确无误地把它们按照这一顺序复述出来。但是当复述的数字增加到7个以上时，被试者复述出来的数字并没有超过7个。

通过一系列实验的验证，米勒在1956年发表了著名的论文《神奇的数字7±2：我们信息加工能力的局限》，米勒认为：大脑在短期的记忆中很难一次接纳7个以上的“信息块”，这是对人类能力的研究得到的结果。

三、如何运用7±2法则

这个7±2法则告诉我们一个规律：在与陌生人打交道的时候，你要尽力将自己话语中的信息块控制在7±2的范围内。如何做到这一点呢?

如果你想要在一席简短的谈话中传递很多信息给对方，又想用最少的信息块，那么请参考我们的意见，对你说话的方式做一些调整，力求构造最大的信息块。通过7±2法则，我们了解到人类对信息块的接受能力在7±2个的范围里，要减少信息块，那你就必须把更多的信息放在一个块里。

最重要的信息块放在最前面。你必须把最重要的信息块放在最前面，给对方留下深刻的印象。因为虽然7±2法则表示人能记下7个左右的信息块，但在社交场合中有很多干扰因素存在，比如，噪音干扰、对方的状态并不是那么投入等，导致他们只能记住两三个信息块。

信息块的输出不要超过7个。将自己话语中的信息块放在7个以下，这样会让对方的记忆更加有效。因为简单的、有条理的东西才更容易被别人记住，虽然我们的极限是9个信息块，但请你不要挑战对方的极限。

掌握了构造信息块和输出信息块的技巧后，并不代表我们的话语就能有条理了，这只是理论上的技巧，是一种规则。最重要的技巧还是如何将自己训练成一个言谈有条理的人。

1. 提高语言条理性。

如果你说话没有条理性，你要注意以下的禁忌，并尽量按照我们提供的技巧来训练自己的条理性，给对方留下深刻的印象。

病句说不得。有些人认为口语不是正式作文便可以随便说，以致病句频出。我们先来看一段话：

人要善于找出自己的缺点，如果原来没有这方面的意识的话，那么将来就要注意。表达清楚是一件很重要的事情，关系着人与人之间的相处，虽然现在有人说我表达不清楚，或许真正的原因并不是我，但是无论怎么样，都应该找一下自己的原因，不能不把事情当作事情。

他其实是想表达一个意思，那就是：有人指出了他说话条理不清，不管是不是真的，他都必须反省一下，毕竟，在人际交往中，说话的条理性很重要。但这样的说话方式会让对方觉得他的思维很凌乱，而且缺乏自信。所以，在说话时，一定要注意语法，不说病句。

表明你的观点，前提是分清要点。不要和别人谈一些无关紧要的事情，适当的寒暄问候完，你必须要表明你的观点，不要东拉西扯，完全沉浸在自己的情绪中。

2. 三思而后说。

没经过思考贸然说话有时候会影响条理和逻辑，因此，开口前要稍微想一想，把握非语言因素。声线可略微低沉，语速要适当放慢。可以有适当手势，但不要过多，以免分散对方的注意力。

3. 多听名人演讲。

有时间多听听名人演讲，可以潜移默化地改变你的说话方式。有条理性的说话是一笔宝贵的财富，掌握以上技巧，你的语言将不再贫乏无趣。

4. 让自己变得生动起来。

相对枯燥无趣的人，任何人都会喜欢生动有趣的人。生动的肢体语言和生动的话语，都是打动陌生人的“最佳武器”。因此，你需要掌握各种技巧，让自己成为一个生动的人。

我们总能在电视电影里看王子被灰姑娘所吸引的片段，究其原因，就是灰姑娘比贵族小姐们要生动有趣。生动，我们从词面上可以理解为有活力，有感染力。事实上，这个词语一点也不抽象，因为一看到它，你总会想起一些人的面孔，想起他们热情洋溢的笑容，幽默风趣的话语。

虽然生动只是一个小小的细节，但它却是调节人际关系无往不利的润滑剂。仔细想一下，当你和一群陌生人打交道时，那些生动的人是不是会更容易被你记住，而且你也会更喜欢他们？之所以会出现这样的情况，一是因为情绪效应在起作用，二是因为我们的大脑对生动的信息加工得比较快，因此容易记住。

第四章

幽默是成功社交的催化剂

第一节　把幽默当成一种素养

一、幽默是一种素养

在生活中，我们很少听到一个人对另一个说：“请说一句幽默的话吧，让大家放松一下。”

如果对方真是一个幽默的人，他也许会这么回答：“你的话已经相当幽默了。”有幽默感的人是语言表达的智者。

一个幽默的人在说一句幽默的话的时候，通常只是在说话，仅仅在说话。他不会事先绞尽脑汁，也不需要借助夸张的声腔、表情和肢体语言。如果他那样做了，人们会将视其为一个滑稽的人，而不是有幽默感的人。

一个幽默的人不一定需要有强有力的证据来证明，但是我们可以加以设想。有宽容心的人必是有同情心的人，他也许不够勇敢，因而做不来见义勇为、舍己救人的事；他可能也做不来为了替别人讨公道挺身而出，伸张正义的事；有时可能还比较本位主义，但他断不会是一个毫无忏悔心和羞耻感的人。所以他断不至于为了达到个人目的而不择手段。一个有私心杂念的人，一个心怀鬼胎的人，一个有罪恶感的人是绝对幽默不起来的。因为一旦那样，他可能就永远幽默不起来了。

我们说，幽默是一种人性素养，也是一种人生态度。一个人一旦做了一次违背自己人生态度的事，他想再回到原来就很困难了。好比脱轨列车回到原先的轨道要费一番事。一个犯了重罪的人，要再回归到原来的人生态度是很难的，甚或是再也不可能的。

美国前总统福特曾因经济政策得罪过富人阶层，有次参观汽车制造厂后，他对记者们说：“有些人希望我是林肯，而我更愿意是福特。”林肯车是富人车，福特车却属于“大众”系列。一语幽默泯恩仇。

而另一位总统卡特竞选获胜那一天晚上，携夫人登台答谢选民。卡特夫人由于激动，扑倒在台上，高跟鞋跟也断了——几乎全世界的电视都在转播实况——只见卡特夫人举着一只高跟鞋走到麦克风前，谦卑地说：“女士们，先生们，我是为你们的竞选热忱而倾倒的!”她只说了那么一句话，仅仅在说话。台下每一个人都微笑了，但没有一个人哈哈大笑。微笑与哈哈大笑，这是幽默与搞笑的效果区别。

幽默是一种高品位的素养，我们只有提高人生品位，才会有幽默感。千万别把搞笑当幽默，如果那样，你的品位会越来越低。

提高个人素养，提高做人品位是感悟幽默、说话幽默的基础。

二、曲线救国——答非所问有时也是一种幽默

一般说来，幽默感是一种轻松的情绪，它有利于改善人际关系。过分紧张的对峙，会使幽默无用武之地。幽默可以缓和对峙，但不管怎样缓和，它毕竟还是对峙。幽默有它的局限，它只能在一定程度上缓和对峙，而不能在性质上改变对峙。在原则性的对抗中，能寸步不让，又能带上幽默的色彩，这种幽默属于硬性幽默。但是对原则的坚持，并不一定要锋芒毕露。收敛锋芒而又英气逼人才显出硬性幽默的威力。

一个画家去拜访德国著名画家阿道夫·门采尔，向他诉苦：“我真不明白，为什么我画一幅画用了一天工夫，可是卖出去却要一年?”门采尔认真地说：“请倒过来试试吧，亲爱的！如果你花一年工夫去画它，那么只用一天工夫就能卖掉。”门采尔本来是批评这位画家作画粗制滥造的，可是用了一种建议的、假定的语气来表述，特别是用了“倒过来试试”这样的俏皮话，就把批评的锋芒收敛在温和的语气之中了。

为了把硬性的锋芒藏起来，幽默家常常使语言带上玄虚感，让你一下子摸不着头脑时被他击中。一位打扮时髦的富商的妻子，来拜访一位名作家。她想知道什么是开始写作的最好方法。“从左到右。”作家回答。表面上顺顺当当地作了回答，实际上等于没有回答，这意味着，这个问题根本不值得回答，这里硬性的锋芒被“从左到右”的毫无实用价值的玄虚话语掩盖了。

绝对硬性的幽默是没有的，因为幽默之所以成为幽默就是因为它是软的、含蓄的、轻快的。硬性幽默中，不管怎样，也有软性的成分，哪怕是攻击性很强的，也得软化。硬性幽默在很大程度上是一种软硬兼施的功夫。硬性幽默的艺术可以说是用某种软性语言表达某种硬性原则的艺术。原则是坚定的，但是软化的巧妙各有不同，而把锋芒别出心裁地伪装起来是硬性幽默家的基本功夫。

有个向导，陪伴一位法官打猎。回来时，有人问他：“法官今日收获如何?”“法官枪法高明，”他回答，“只是上帝对于飞鸟特别仁慈。”实际上他说的是飞鸟很幸运地逃过了法官的子弹，可是他把原因归诸上帝。软化的玄虚感由于他口头上肯定了法官的枪法高明而增加。这里软化的方法就是玄虚化的方法、间接化的方法、曲折化的方法、不怕自相矛盾的方法。

有时，为了更玄虚一点，更曲折一些，不惜采用答非所问的办法。

德国一位名叫贝仑哈特的年轻钢琴家为诗人席勒的诗《钟之歌》谱曲后，特地举行了一个演奏会，把大名鼎鼎的勃拉姆斯也请来了。勃拉姆斯凝神地听着，有时还满意地点点头。演奏结束后，贝仑哈特问勃拉姆斯：“阁下是否很欣赏此曲?”勃拉姆斯笑着说：“《钟之歌》到底是首不朽的诗。”问的是曲子如何，答的是诗很好。答非所问，似乎连起码的逻辑也不懂，很玄，但也很曲折地暗示，他所欣赏的是席勒的诗而不是贝仑哈特的曲。回答越是玄，幽默的硬性越是减弱，而到了答非所问、顾左右而言他的程度，软性就占了上风。原因是针对的锋芒完全收敛了，正是为了回避正面的攻击性才不作直接的回答。

软硬兼施，曲尽其妙，才是幽默家高明的表现。

第二节　谈吐幽默的实用技巧

一、追根溯源——幽默是什么

“幽默”一词最早见于《楚辞·九章·怀沙》“眴兮杳杳，孔静幽默”一句。但这个幽默是静默、寂静无声的意思。而现代意义的幽默是由西方舶来的，是个音译词。由于没有一个准确的词与之对应，幽默大师林语堂便从古老的汉语里拣出了“幽默”一词，既作音义，又能找到某种相通之处。幽默究竟怎样定义，到目前为止，尚无法界定。

有人说“幽默是任何滑稽可笑的事物”，有人说“幽默是对发笑的事物寄予同情，是高级的笑”。《辞海》上这样解释：“在善意的微笑中，揭露生活中的乖讹和不通情理之处。”这样的定义都有它的局限性，不准确。湖南师范大学唐树芝教授认为一个概念不能界定且描述。他指出：幽默是一种行为特征，也是一种表达方式，它的核心是由生活中反常的矛盾的不协调，违反常规常理甚至是可恶、可鄙、可笑的事物构成的，它的表现手段是暗示和含蓄，它的直接效果是引发笑声。

无论幽默本身是如何定义，我们清楚的一点是：生活需要幽默，生活离不开幽默。

二、幽默中的“隐含判断”技巧

“隐含判断”是一种委婉的表达技巧，能帮助你把一些不想直说的话间接地说出来，让听话的一方在作出延伸或深入判断之后，领悟出被你“藏”起来的那层意思。这个技巧可以达到给对方留下回味的余地的效果。同时又因其具有含蓄性，暗藏锋芒，表面观点和实际观点既有千丝万缕的联系，又有大跨度的差距，虚实对比之下往往会显得风趣谐谑，所以能产生十分强烈的幽默感。

“隐含判断”是通过“隐藏”表达观点、表现幽默的，露中有藏，藏中有露，是一经推演判断就能发现真正意图的，如果藏得太密太深，幽默效果就荡然无存了。所以在使用这种技巧时一定要注意藏之有度，要让人们经过短暂的思索后立即能判断得出结论。

有一次，肯尼迪总统的父亲约瑟夫对着肯尼迪夸奖自己的孙女卡洛琳：“卡洛琳真聪明，她比你这么大的时候伶俐多啦，杰克（肯尼迪的小名）!”肯尼迪毫不示弱地说：“不错，她是很聪明，还要看看她爸爸是谁啊!”

幽默是大智慧的体现，它往往以独特的视角、特有的方式来品评人物，反映社会生活，让人在轻松愉快中明白作者的意图。幽默语言精练，言简意丰；构思奇巧，浑然天成，且这些手法产生的效果迅速而直接。由于它短小精悍，言近旨远，深受读者喜爱。无论是思维训练还是写作教学，幽默都可以说是最为精致的范例。长期接触幽默可以形成一定的“幽默思维”。幽默思维是一种较高级的思维形式，善于从常人想不到的角度来思考和表达问题。

三、我们要幽默——如何把握幽默技巧

1. 把握幽默的过程——幽默都是有过程的。

为了幽默的效果更好、更明显、更准确，我们把这过程分为四步：第一步：制造悬念；第二步：渲染气氛；第三步：反接；第四步：突变。

下面我们看一个小例子，这里面包含了上述过程：

①有一天下课，一位女同学突然走到我面前说：“我不喜欢听你讲课!”

②我说：“为什么啊？课堂不生动吗？内容不深刻吗？语言啰唆吗？”

③那位女同学说："都不是！因为你的眼睛瞪得大大的，我不好在下面看小说。"

④ 学生们听罢，先是吃了一惊，而后大笑起来。

这段话是如何阐述了上面四个过程呢？

第①句是悬念。这悬念往往讲的是反常规的结果。说这话的同学主观上并不是要否定这堂课，相反是要肯定这堂课：老师要求严，学生上课认真。如果直通通地说："老师，你的课太棒了太酷了。"那就达不到幽默的效果了。

第②句是渲染气氛，将听众引入歧途。这里要运用铺陈的手法、排比的修辞、反问的语气，时间上要长一点。

第③句就是反接。最后一步要求幽默者运用反向思维的方法将包袱抖出。也是解答悬念的过程。

第④句是突变。它的直接效果是笑。

如果前三步是语言形式，最后一步就是笑的行为。相声、小品、微型小说实质上也是一种幽默。它们的结构就是按这个过程来编造的。"结尾逆转"部分就是这里的反接。

2. 把握好你的时间吧——幽默不能急于求成。

如果你迫不及待地要把妙语趣事说出来，太急于引起听众发笑，太早的让人知道有趣的"谜底"，就会显得操之过急。太早泄露"天机"和惊奇，由于铺垫不够，火候不到，结果也就失去幽默感。所以，应娓娓而谈，不徐不疾，使听众对结果有错误的预期，有一个缓冲思考的时间，然后再一语道破。但是也不能太慢，太慢会使听众忘了他所期待和预期的是什么了。

大家知道唐伯虎给《祝寿图》题词的故事，唐伯虎就是一位幽默高手。面对寿图，开头就说了一句与拜寿很是矛盾的话："这个婆娘不是人。"不是人是什么，这个悬念很是吸引听众，引得听众瞪大眼睛。假若他马上说出"九天仙女下凡尘"的诗句，那就无幽默可言了。紧接着以同样的方法说了下面两句"九个儿子都是贼，偷来仙桃献母亲"。这个故事同样告诉我们，在制造悬念、渲染气氛之后，一定要把握时间，吊足胃口，扎好包袱，这样的幽默才会引人发笑。

四、操纵修辞——幽默可以用多种修辞来表现

1. **比喻会使幽默活泼生动。**

比喻是幽默艺术中常用的修辞格式之一，有明喻、暗喻和借喻三种。幽默艺术在运用语言移植技巧时常采取明喻和暗喻手法，在运用语言交叉技巧时常采取借喻手法。

明喻由本体、喻体和喻词三部分构成，暗喻由本体和喻体两部分构成，借喻则是以喻体代替本体。在语言移植技巧手段中，本体、喻体和喻词之间的差距极大，褒贬色彩也截然不同，含蓄而又出人意料的比喻给人以意料之外、情理之中的感觉，产生意味深长、忍俊不禁的幽默效果。在语言交叉技巧手段中，巧妙的借喻使表面意义上的喻体和其所暗示的、带有一定双关意义的本体构成交叉，令人在领悟了比喻的真正含义后发出会心的微笑，因而具有很强烈的幽默效果。

幽默所采用的比喻手法和一般修辞意义上的比喻在审美要求方面是截然不同的。一般的比喻以贴切、神似、谐调为原则，但幽默则反其道而行之，刻意追求由反差过大、或因对比荒谬所造成的不谐调，这是比喻的一种特殊用法。

2. **运用对比，往往能收到出乎意料的幽默效果。**

对比是产生幽默的基本手法。幽默的对比是指把两种（或两种以上）互不相干（甚至是完全相反）的、彼此之间没有历史的或约定俗成的联系的事物放在一起对照比较，以揭示其差异之处，即不谐调因素。在幽默中，对比双方的差异越明显，对比的时机和媒介选择越恰当，对比所造成的不谐调程度就越强烈，观赏者对对比双方差异性的领会就越深刻，此时对比所造成的幽默意境也就越耐人寻味。

幽默的对比可划分为画面、语言、人物和情境等四大类。画面的对比用于绘画艺术，语言、人物、情境的对比用于文学、戏剧、影视等艺术。这四类对比手法又可归纳为语言手段（包括文字语言、绘画语言、音乐语言和舞蹈语言等）和情节手段两大部类。大多数幽默作品是将语言手段的对比和情节手段的对比交织使用的。这种交织具体地体现在反复、移植、颠倒和交叉等四种幽默创作主要技巧手段上。

3. 谐音广告词既幽默又好记。

例如有情世界，无限风光；骑乐无穷；默默无蚊；百衣百顺等。

4. 用顶真可以使幽默回味无穷。

例如来客敬茶新洗手，手洗新茶敬客来。

5. 仿真也可构成绝妙的幽默。

中学生模仿歌曲广告语，写中学生活的片断——50 分到 60 分：近在咫尺；单选题：ABCD 四小姐选美；判断题：使你左右为难的困惑；差生作弊：腰不疼了，腿不疼了，走路也有劲了；奖学金：差生永恒的美；拖堂：时间与饥饿搏斗，通常是时间获胜。

6. 引用典故亦可达到幽默的效果。

一家理发店的对联是：相逢尽是弹冠客，此去应无搔首人。上联取“弹冠相庆”的典故，含有准备做官之意，又正合理发人进门脱帽弹冠之情形；下联意为人人中意，心情舒畅。有了这样幽默含蓄、充满魅力的对联，理发店的生意自然红火。

7. 反语可以使幽默更加有效。

鲁迅是幽默大师，他常常运用反语来幽默。下面的反语就起到了讥讪和激励的作用。《纪念刘和珍君》中有这样一段文字：“当三个女子从容的转辗于文明人所发明的枪弹的攒射中的时候，这是怎样的一个惊心动魄的伟大呵，中国军人的屠戮妇婴的伟绩，八国联军惩创学生的武功，不幸全被这几缕血痕抹杀了。”文中正反杂陈，含义明显，“文明人”“伟大”“伟绩”“武功”均为反语，这种幽默，极富辣味。

掌握幽默技巧，就可以培养幽默感，提高幽默能力。生活中经常会用到幽默，因为人生离不开幽默。幽默的力量体现在它可以润滑人际关系，消除紧张，解除人生压力，提高生活品质；也可以使我们获得自由，振奋精神，令人永难忘怀，享尽人生乐趣。

8. 反复。

反复是幽默创作的主要技巧手段之一。反复作为一种修辞格式和艺术手法，可以是情节、语言、物体、动作、画面、音响、场面等的重复出现，但在幽默艺术中的反复则出现在两个（或两个以上）迥然不同的人物身上或两种毫无共性的环境之中，使之与人物的某种特殊性格、气质、经历，与环境的某种特征以及艺术家的某种独特风格联系起来，产生一种明显的不和谐，以表达与人物正常逻辑、合理预想大相径庭的结果，或表现某种一意孤行、无法遏制的执拗，使原本枯燥的重复出现了喜剧性的色彩，取得强烈的幽默效果。这种反复的技巧不仅能在喜剧中产生幽默的效果，有时在悲剧中也能产生幽默的效果。

9. 错综。

错综是以不同的形式重复表达相同（或基本相同）内容的一种修辞格式和艺术手法，错综手法是反复手法的延伸和发展，用以避免情节手段和语言手段反复时的呆板、单调，使幽默效果更加强烈。以错综形式出现的反复在戏剧、曲艺、电影等艺术样式中的运用极为广泛、频繁，在语言作品中也多有应用。错综式反复具有巧妙、自然的特点，对强调、渲染、深化反复内容，引起观赏者的注意和联想，造成充满情趣而又耐人寻味的幽默意境起着重要作用。

10. 张冠李戴有时也是技巧——移植的应用。

移植是幽默创作的主要技巧手段之一，即把在某种场合中显得十分自然、和谐的情节或语言移至另一种迥然不同的场合中去，使之与新环境构成超出人们正常设想和合理预想的种种矛盾，从而产生幽默的效果。

移植包括情节移植和语言移植。情节移植以违背人们的正常思维逻辑为前提。对情节内容进行与环境失调的移植，即有意无视时间、场合、条件、对象等因素的变化，使人物和环境、现实和历史、不同社会环境和不同社会地位之间产生强烈的不谐调对比和矛盾冲突，从而创造出趣味横生的幽默审美价值来。语言移植是对修辞手法的反动，即有意打破语言的正常使用习惯。打破语言条件和语言手段之间的正常对应关系，有意选择似乎是最不恰当的词、词组和句子，进行反常组合，造成文不对题、词不达意的失调和错乱状态，从而产生幽默感。语言移植往往借助于对不同语体的错综使用即语体移植，或借用某些修辞格式如比喻、拈连、仿拟、飞白等，有时甚至对某些词语作更新词义的创造性处理，给人以新鲜、风趣之感，增添了幽默的情趣。

11. 不协调的艺术——拈连法。

拈连作为一种修辞格式，是指利用上下文联系，巧妙地把适用于叙述一事物的词语用来叙述另一事物。在语言移植技巧手段中，拈连的词语在新的语言环境里造成了明显、强烈的“文不对题”“词不达意”的矛盾，使人在两种格格不入的事物拈连中领受到别具一格的情趣，是一种以不谐调为前提的幽默技巧。

12. 创造的艺术——仿拟法。

仿拟，是指对现成的词语、句章经改动个别成分后，临时仿造出一种新的词语、句章的修辞格式。仿拟可分“拟词”“拟句”“拟章”“拟调”“拟语”等数种。作为幽默艺术的语言移植技巧手段之一，仿拟主要借助于某种违背正常逻辑的联想，把适用于某环境的词语用于另一种截然不同的环境之中，或借现成句式、篇章、词调的形式，仿造出内容相反或相对的新句章，造成不谐调、不搭配的矛盾，使人有新奇感和生动感，产生出强烈的幽默效果。

13. 明知故犯其实也很聪明——飞白法。

飞白是明知其错而故意仿用的一种修辞格式，可分为文字飞白（白字）、语音飞白（白音）和词义飞白（白义）等数种。白字是相近文字形体的利用，白音是相同或相近发音的利用，白义则是词义理解错误的利用。有时，白字、白音、白义连用更能增添幽默效果。这种幽默语言技巧常被用于揶揄和讽刺不学无术而又自以为是的否定性幽默形象。

14. 颠倒你的思维——颠倒法。

颠倒是构成幽默的矛盾冲突的主要技巧手段之一，即在一定的条件下改换人物关系或本末、先后、大小、尊卑等关系，从而创造出具有浓郁幽默情趣的喜剧性场面。有时，词序的改换也能产生同样的幽默效果。人物关系的颠倒可以表现为父子、夫妻、长幼、男女、主仆等内容的错位，形成与人们相沿成习的传统观念相悖的新关系，具有极大的荒谬性和戏剧性，以致出现了风趣幽默的情节和结局。而本末、先后、大小、尊卑等的颠倒则通过事物关系的易位向人们的传统观念、正常逻辑和合理预想挑战，造成与人们认识规律的不谐调冲突，从而产生了情趣浓郁、联想丰富、寓意深长的幽默感。词序的颠倒形式上是语言上的，实际上是针对幽默的对象或人们熟习的某个格言、口号、定理或概念，以反常识的手法创造出耐人寻味的幽默意境。

交叉是以对同一事物的不同认识和理解创造幽默意境的技巧手段，可分为情节交叉和语言交叉。情节交叉以“误会”“矛盾”“自嘲”等形式出现，在构成幽默的情节冲突、悬念、情趣方面起着主体框架的作用。语言交叉采用了具有双重意义的修辞格式，如谐音双关、语义双关、词义引申、借喻、反语等，以实现两种互不相干的概念在观赏者意识中的交叉，成为用交叉技巧制造幽默意境的主要语言手段。

15. 误会法。

误会法是幽默情节交叉技巧手段最典型的表现形式，即把幽默的情节冲突建立在误会之上，构成幽默作品中人物的思维逻辑和观赏者思维逻辑在同一事物认识上的矛盾、对立和不谐调。这些认识上的交叉常常有好几组，彼此间又互相穿插交织，从而使情节冲突愈趋复杂风趣。在情节交叉中，幽默作品中人物出乎意料的误解把观赏者设想的正常思路打断，使观赏者合乎逻辑的期待落空，以致在误会和正解的反复对比中产生了浓郁的幽默感。误会法作为一种常用的喜剧手法，构成了幽默的情节，引发出幽默的喜剧性冲突，进而推动了幽默的喜剧情节的发展。

16. 情节交叉技巧的具体体现——矛盾法。

矛盾法有答非所问、蓄意歪曲和自相矛盾三种形式。

答非所问是指把对方提出的问题巧妙地引向与原来的思路迥然不同的方向，造成问者和答者两种不同思路的矛盾交叉。答非所问可有自觉和不自觉之分。自觉者，是指答话者出于某种目的，故意作出驴唇不对马嘴的回答，王顾左右而言他，回避对问题的实际回答。不自觉者，是指答话者在无意中形成了答非所问的局面，即对问题的理解错误，导致了答复的相左。答非所问是幽默艺术家设计情节冲突时挑起不谐调因素相交的手法之一，具有明显的幽默效果。

当情节以非问答式的形态出现时，为了实现不同思路、逻辑的交叉，常常采用蓄意歪曲的手法，即有意漠视某些词语的本义或事物的真相，以造成两种不同理解的映照。歪曲对象可以是人们熟知的口号、故事、事实等，也可以是他人或自己的某一句话语。蓄意歪曲形式通过对原意的歪曲性引申，挖掘出有悖于常理的新意，给人以强烈的不谐调感。蓄意歪曲与答非所问的表现手法相同，但前者以疑问对答的形式表现矛盾的交叉，后者则以陈述形式表现不同思想的相悖。矛盾法直接的表现形式是自相矛盾，即通过人物的言行不一、言语的前后矛盾和行为的相互抵触，造成幽默情节中不同人物之间及作品中人物与观赏者之间对人物某种品质或性格的不同认识的交叉。自相矛盾是幽默艺术家刻画喜剧性人物形象的重要手法，有着鲜明、强烈的幽默效果。

17. 阿Q精神的演绎——自嘲法。

自嘲法是幽默情节交叉技巧的表现形式之一，即在幽默作品中赋予喜剧性人物一种特殊的气质和性格，当人物遭遇挫折难以实现愿望时，以自我解嘲及贬低、歪曲事物或事件的价值和意义来获得精神上的满足和成功，从而形成了与观赏者在对该事物或事件实际价值和意义的正常评价方面的理解交叉。

第三节　幽默帮你度过社交挫折

一、幽默是一种成熟的心理防卫机制

当一个人在心理上受到挫折时，有许多方式可以应对与适应。比如，采取行动直接去处理问题、消极地暂时躲避或改用较幼稚的方式去应对等等。只要我们认真回想一下，就不难发现在过去诸多经历中屡有此类情况。即在遇到困难或挫折时，常常会使用一些心理上的措施或机制，把个体与现实的关系稍作修正，使个体较易接受心理挫折或偏激，不至于引起情绪上的过分痛苦与不安的自我保护方法，我们将其称为心理防卫机制。虽然其方法种类繁多，但互相渗透、互相联系，很少单独使用。而同一心理现象，往往也可使用不同的心理防卫机制来解释说明。

1. **心理防卫机制功能**。

这种反应典型地采用习惯性和潜在意识的方式，以消除或保持一个人的内心焦虑、罪恶感以及失去的自尊心。这种心理防卫机制，大都是在潜意识中进行的，也就是说，是在不知不觉中使用的。比如“酸葡萄”的故事中，狐狸因吃不到长在高树上的葡萄，便说：“反正是酸葡萄，没什么好吃的。”用心理防卫的观点来解释，也可理解为因吃不到葡萄而委屈沮丧时，把葡萄说成是酸的和不好吃的，吃不着（遭受挫折），心里也就不会那么难过了。

每一个人在其行为发展过程中，均会逐渐学会种种防御性反应，以便在自我受到侵袭时，随时采取自动的防卫行为。心理防卫机制具有以下功能：减低情绪冲突；从自身内在具有危险的冲动中保卫自己；缓和伤感经验和情绪的感

受；减轻失望或沮丧的感受；消除个人内在态度与外在现实之间的冲突；协助个体保持其充实感和价值观。

一般说来，心理防卫机制几乎每个人都在不知不觉地使用，并不算毛病，也不是消极之举。因为在我们的生活环境里，时时处处都会遇到许多挫折与困难，不能一一直接去处理应付，有时便需要依赖心理上的机制和措施来适应。这是一种正常且健康的心理现象。

2. 心理防卫机制作用。

心理防卫机制可以产生积极与消极两种截然相反的作用。

（1）积极的心理防卫。

其积极作用表现为：对偏激或攻击性行为有缓解作用；能暂时消除内心的痛苦和不安；可能引导出解决问题的办法等。例如，升华作用可以将不被社会所接受的动机和行为转变为可接受的动机或行为，使个体心理上获得满足。又如，补偿作用能使人变得更聪明，能取长补短，获得心理上的满足并减轻某些挫折感。具体说来有以下几点：

幽默心理：幽默是一种高尚的心理活动、语言和动作行为，它可以陶冶人的情操，帮助人们去克服困难，渡过难关。当一个人遇到挫折时，常用幽默来化解困境，维持自己的心理平衡。可以说，具有幽默心理是一个人较为成熟的表现，是理想人格的标志之一。

抵消心理：用象征性的事情来抵消已经发生了的不快之事，以补救心理上的不适与不安。如无意中做了对别人不礼貌的举止，赶紧向人道一声“对不起，请原谅”，心理上就会得到些许安慰，抵消对不起别人的举动所产生的自责和内疚。

升华心理：当一个人的欲望和行为不能直接表现出来，不能被社会所允许，或是遭受严惩挫折时，为了避免心理创伤而暂时压抑一下自己的欲求和痛苦，继而把心理导向崇高的境界，既利于社会也益于个人的心理调适，这便是升华心理。历史上如司马迁负刑后作《史记》，孔子受处置而著《春秋》，歌德失恋而写《少年维特之烦恼》，都堪称心理升华佳作。

（2）消极的心理防卫。

心理防卫的消极作用主要是：心理防卫机制对现实存在的问题并不能真正解决，往往带有一种“自我欺骗”的性质。它常常只起到使人逃避现实的消极作用，有时还会使实际问题复杂化，提高心理冲突的程度。具体说来有以下几点：

否认心理：这是一种较原始而简单的心理防卫反应。其方法不是把已经发生的痛苦与不快有目的地忘却，而是把它加以否定，如同它根本不存在，未发生一样，这种把心理上或情感上不愿意接受的事当作不存在，不敢面对的减负行为是不足取的。

幻想心理：个人遇到现实困难无力处理时，便用幻想的方法使自己脱离现实，在幻想中处理心理上的纷扰，让欲望得到满足。这也是不足取的。

转移心理：当对某人某事的情绪、态度和欲望不可能为自己的理智和社会所接受时，就将其转移到另一个替代者身上，如迁怒于人、借题发挥等，以使消极情绪发泄出来达到调整身心的目的，这同样也是不足取的。

（3）有时可用的心理防卫。

合理化心理：当个人遭受挫折或达不到某一目的时，给自己找个合理的理由加以解释（或谓之阿 Q 精神）。虽然这些理由往往不正确，但却能以这些理由说服自己，避免精神上的苦恼。

投射心理：将自己不喜欢或不能接受的性格、态度、欲望，投射到别人身上，而所投射的心理活动可能是相互排斥的。

退化心理：当人们遇到挫折时，放弃已获得的成人方式，而使用孩提时的方式去对付挫折或满足自己的欲望，这就是退化心理，如在遭受重大挫折时，不再主动负起成人的责任及由此而带来的恐惧与不安，而退化成孩子一样的依赖。

同一化心理：力图把自己变得与他人相似，甚至以自己某些方面如长相、声调、打扮等与被崇拜者相似而自诩，以此来满足自己的愿望。如子女对父母的模仿，追星族对明星的打扮、言行的模仿等，就是同一化心理使然。

二、心理防卫机制的特点

在使用幽默这种机制时，我们应该了解心理防卫的机制。主要包括如下几点：

1. 防卫机制不是刻意使用的，它们是无意识的或至少是部分无意识的，真正的防卫机制是无意识进行的。

2. 防卫机制是借支持自尊或通过自我美化（价值提高）而保护自己免受伤害。从它的作用和性质来看，可分为积极的防卫机制和消极的防卫机制两种。

3. 防卫机制似有自我欺骗的性质，即以掩饰或伪装真正的动机，或否认可能引起焦虑的冲动、动作或记忆的存在而起作用，因此，自我防卫机制是借歪曲知觉、记忆、动作、动机及思维，或完全阻断某一心理过程而防卫自我免于焦虑。实际上，它也是一种心理上的自我保护法。

4. 防卫机制本身不是病理的，它们在维持正常心理健康状态上起着重要的作用，但正常防卫功能作用改变的结果可引起心理病理状态。

5. 防卫机制可以单一地表达，也可多种机制同时使用。

同时，我们按照心理成熟度可以分类为：

1. 自恋心理防卫机制：包括否定、歪曲、向外投射，它是一个人在婴儿早期常常使用的心理机制。早期婴儿的心理状态，属于自恋的，即只照顾自己，只爱恋自己，不会关心他人，加之婴儿的“自我界限”尚未形成，常轻易地否定、抹杀或歪曲事实，所以这些心理机制即为自恋心理机制。一名成年人还运用“自恋机制”来进行自我心理防卫，是很危险的。

2. 不成熟心理防卫机制：此类机制出现于婴儿期，在成年人中出现较少，包括内向投射、退行、幻想等。

3. 神经性心理防卫机制：这是儿童的“自我”机制进一步成熟，在儿童能逐渐分辨什么是自己的冲动、欲望，什么是实现的要求与规范之后，处理内心挣扎时所表现出来的心理机制。

按行为性质分类：

1. 逃避性防卫机制：压抑/潜抑，否定，退化情感。

2. 自骗性防卫机制：此类防卫机制含有自欺的成分，也是一种消极性的行为反应。包括反向、合理化、仪式与抵消、隔离、理想化、分裂。

3. 攻击性防卫机制：转移，投射。

4. 代替性防卫机制：幻想，补偿。

5. 建设性防卫机制：认同，升华。

三、常见的心理防卫机制

人类使用心理防卫机制时，有时是有意的，有时是无意的。这些心理防卫机制有些符合社会道德标准，有些不符合，对生活的影响也各不相同，了解这些常见的现象可以使我们更好地应用这种机制。

1. 否认。

否认：指无意识地拒绝承认那些不愉快的现实以保护自我。它是最原始最简单的心理防卫机制。意志薄弱而知识结构简单的人，常会情不自禁地使用否认机制。

例如，小孩打破东西闯了祸，往往用手把眼睛蒙起来；癌症病人否认自己患了癌症；妻子不相信丈夫突然意外死亡，这就是无意中启动了否认。

2. 反应结构。

反应结构也称反向，指意识性地采取某种与潜意识完全相反的看法和行动，因为真实意识表现出来不符合社会道德规范或引起内心焦虑，故朝相反的途径释放。

3. 转移。

转移或移置：在一种情境下危险的情感或行动转移到另一个较为安全的情境下释放出来。通常是把对强者的情绪、欲望转移到弱者身上。例如，对上级的愤怒和不满情绪，在家中对亲人发泄出来。

4. 压抑/抑制。

压抑/抑制："压抑"指当一个人的某种观念、情感或冲动不能被超我接受时，下意识地将极度痛苦的经验或欲望潜抑到无意识中去，以使个体不再因之而产生焦虑、痛苦，这是一种不自觉的主动性遗忘（不是否认事实），有时表现为口误、笔误。"抑制"则为有意识地进行同样工作。但需要注意的是，压抑在潜意识中的这些欲望还是有可能会无意识地影响人类的行为。

5. 投射。

投射：也称外射，是主观地将属于自身的一些不良的思绪、动机、欲望或情感，赋予到他人或他物身上，推卸责任或把自己的过错归咎于他人，从而得到一种解脱。它包括严重的偏见、因为猜疑而拒绝与人亲热、对外界危险过分警觉。

6. 摄入。

摄入也称内向投射，与投射作用相反。指广泛地、毫无选择地吸收外界的事物，而将它们变成自己人格的一部分。由于摄入作用，有时候人们爱和恨的对象被象征地变成了自我的组成部分。如当人们失去他们所喜爱的人时，常会模仿他们所失去人的特点，使这些人的举动或喜好在自己身上出现，以慰藉内心因丧失所爱而产生的痛苦。相反，对外界社会和他人的不满，在极端情况下变成恨自己，因而自杀。内投射也可能是自罪感的表现，他们常常模仿死者的一些性格特点来减轻对死者的内疚感。内投射或仿同的对象，常是所爱、所恨和所怕的人，尤其是父母。"近朱者赤，近墨者黑"即是摄入现象。

7. 仿同。

仿同或认同是指一种无意识的，有选择性地吸收、模仿或顺从另外一个一般是自己敬爱和尊崇的人或团体的态度或行为的倾向，将对方之长归为己有，作为自己行为的一部分去表达，以此吸收他人的优点，以增强自己的能力、安全感以及接纳等方面的感受，掩护自己的短处。一般说来仿同的动机是爱慕，是正常的心理现象，也是儿童早年的心理防卫机制，是未成熟的心理活动。例如：某人以与某富豪见过一面为荣。

仿同有两种，一种近似模仿，另一种是利用别人的长处，满足自己的愿望、欲望，例如，一个不漂亮的女孩子喜欢和一个漂亮的女孩子做朋友，她可以为别人夸奖她的女友而感到自豪。仿同也可分为“反感性仿同”，“向强暴者仿同”，“向失落者仿同”。

具体说来，反感性仿同：一方面感到反感，另一方面又去仿同。向强暴者仿同：模仿恐吓者，自己也变成一模一样地去威胁或欺负比自己更弱小的人。向失落者仿同：有时一个人失去他（她）所爱的人时，会模仿所失去的人的特点，使其全部或部分地出现在自己身上，以安慰内心因丧失所爱而产生的痛苦。

8. 升华。

升华，指帮助被压抑的不符合社会规范的原始冲动或欲望另辟蹊径，用符合社会认同的建设性方式表达出来，并得到本能性满足。

有位保险公司的火灾调查员，每次听到哪里有火灾，就马上跑过去看，以便调查起火的原因，帮助公司鉴定是否需要负责给予赔偿。这位职员每到火灾现场时，总会产生一种说不出的兴奋。因为他从小就有这种玩火的欲望，却不会随便去放火，变成纵火犯。反而善于利用，当了一名火灾调查员，为公司服务。可以说是升华作用典型之例。

9. 退化情感。

退化情感，也称为倒退，退行。当人感受到严重挫折时，放弃成人方式，而退到困难较少、较安全的时期——儿童时期，使用原先比较幼稚的方式去应付困难和满足自己的欲望。完全放弃努力，让自己恢复对别人的依赖，从而彻底地逃避成人的责任。临床上歇斯底里和疑病症常见这种退行行为。短时间、暂时性的退行现象，不但是正常的，而且是极其需要的。

譬如一个成年人，当遇到困难无法对付时，便觉得自己身上的“病”加重了，需要休息，以此来退回到儿童时期被人照顾的生活中去，这就是无意识地使用精神防卫的退行机制。

10. **幽默**。

幽默是指以幽默的语言或行为来应付紧张的情境或表达潜意识的欲望。通过幽默来表达攻击性或性欲望，可以不必担心自我或超我的抵制，在人类的幽默（笑话）中关于性爱、死亡、淘汰、攻击等话题是最受人欢迎的，它们包含着大量受压抑的思想。

11. **利他**。

利他是指替代性且建设性为他人服务，并且本能地使自己感到满足。它包括良性建设的反向形成、慈善行为，以及对别人的报答性服务。利他与投射及发泄的区别在于，它为别人提供的是真的而不是想象的好处。它与反向的区别是，它让应用者至少部分地得到满足。

12. **压制**。

压制是指虽然在意识中出现了想解决矛盾冲突的冲动，而在意识或半意识中却作出予以推迟的决定。这种机制包括在面对困难时的一线希望、把已经认识到的不舒服感受尽量缩小、在困难面前想方设法予以推迟但并不回避。用压制的人是这么说的：“我明天会考虑这件事情的”，第二天也确实记得考虑此事。

13. **理智化**。

理智化是指为在情感上让自我脱离压力事件，通常不通过接受现实，而经由用有利于自己的理由来为自己辩解，将面临的窘境加以文饰，通过这种方法来合理化自己的行为或处境，隐瞒自己的真实动机或境遇。理智化包括为了避免与人发生亲热的感情而对非生物给予过多的注意，或者为了免得表达出内心感情而去注意外界现实，或者为了避免感知整体而去注意无关的细节。强迫思维和行为也包括在内，虽然它们也可被认为是某种形式的内心置换。理智化包括以下机制：合理化、补偿、抵消、隔离、幻想、转化、分离。

（1）合理化。

合理化：又称文饰，指无意识地用一种通过似乎有理的解释或实际上站不住脚的理由来为其难以接受的情感、行为或动机辩护，以使其可以接受。合理化有三种表现：一是酸葡萄心理，即把得不到的东西说成是不好的；二是甜柠檬心理，即当得不到葡萄而只有柠檬时，就说柠檬是甜的。三是推诿，此种自卫机制是指将个人的缺点或失败，推诿于其他理由，找人担待其过错。三者均是掩盖其错误或失败，以保持内心的安宁。

（2）补偿。

补偿：指个人因身心某个方面有缺陷不能达到某种目标时，有意识地采取其他能够获取成功的活动来代偿某种能力缺陷而弥补因失败造成的自卑感。例如，某女子因身体发育有缺陷而努力学习，以卓越成绩赢得别人的尊崇。

（3）抵消。

抵消：这是指以象征性的事情来抵消已经发生了的不愉快的事情，以补救其心理上的不舒服。健康的人常使用此法以解除其罪恶感、内疚感和维持良好的人际关系。如一个丈夫在娱乐城玩得太晚而回家很迟，他也许会为妻子带回较贵重的礼物来抵消他的愧疚之情。

有时，抵消作用不是用来弥补已经发生了的事实，而是用来抵消自己内心的罪恶感，或自己以为邪恶的念头。比方说，妈妈照顾小孩，不小心让小孩碰到了门，撞到了桌角而哭起来，做妈妈的常常会用打门、打桌子的方式来哄小孩子。其实并不是做大人的相信门或桌子真会撞人，或者是打门或打桌子就帮小孩子出了气，只不过是因为内心不安，觉得自己对孩子照顾不周，故总得做出一些事情来象征“我也尽了力”，以抵消其内疚。

（4）隔离。

隔离指将部分事实从意识境界中加以隔离，不让自己意识到，以免引起精神上的不愉快。此处所讲的部分事实，乃是指整个事情中的一部分，最常被隔离的是与事实相关的感觉部分。例如，不说人死了，而说仙逝或长眠等，这样感觉上不会感到太悲哀或不祥。

（5）幻想。

幻想指一个人遇到现实困难时，因为无力实际处理问题，就利用幻想的方法，任意想象应如何处理困难，使自己存在于幻想世界，以获得心理平衡，这也是思考上退行作用的表现。理想化作用对一个人的安全感有帮助，但会酿成虚幻的自尊，因为理想化作用带有浓厚的自我陶醉色彩。这种保护机制常被弱小者所用。理想化是幻想的表现之一，是指对另一个人的性格特质或能力估计做过高的评价，以获得安全感的现象。

（6）转化。

转化指精神上的痛苦，焦虑转化为躯体症状表现出来，从而避开了心理焦虑和痛苦，如歇斯底里病人的内心焦虑或心理冲突往往以躯体化的症状表现出来，如瘫痪、失音、抽搐、晕厥、痉挛性斜颈等等，病者自己对此完全不知觉，转化的动机完全是潜意识的，是病者意识不能承认的。

（7）分离。

分离指暂时而剧烈地改变自己的性格或某种感觉，以期避免情绪苦恼。与神经症性否认同义。它可能包括神游、癔症性转换反映、一种突然的毫无根据的优越感或漫不经心的态度以及短期地否认自己的行为或感情。它也包括为了消除焦虑或苦恼而显得忙忙碌碌的行为、通过在舞台上表演来“安全”地表达本能欲望，以及为了麻木自己的不愉快感情而短暂地滥用某种药物或利用宗教的“欢乐”。分离比歪曲较易为别人理解，也比较体谅别人，较发泄来得短暂。

四、成熟的心理防卫机制之幽默作用

当一个人处境困难或陷于尴尬境地时，有时可使用幽默来化险为夷，渡过难关；或者通过幽默间接表达潜意识意图，在无伤大雅的情形中，表达意念，处理问题。我们将这种心理防卫术称为幽默作用。

在春秋时代，齐国有个聪明善辩的外交家晏子，一次被派往楚国办理外交事务。晏子身材矮小，楚王有意捉弄他，便在宫门旁开了小洞，要晏子从洞里爬进来。晏子面临这种情况，心里当然很生气，但身为外交使臣，代表国家，一举一动都不能有损国家形象，于是灵机一动，向楚王开玩笑似地说：“大国通常有大门，只有小国才有小门，难道楚国是小国吗?”楚王一听，无言以对，只好叫守卫开大门让晏子进来。

西方有个关于苏格拉底的故事。这位大名鼎鼎的哲学家，其妻的脾气非常暴躁。有一次当苏格拉底正在跟一位客人谈话时，夫人忽然跑进来大骂苏格拉底，苏格拉底接着拿桶说：“我早就知道，打雷之后，一定会下雨的。”本来很难为情的场面，经苏格拉底这么一幽默，就把大事化小了。

由此可见，幽默也是一种高尚成熟的心理防卫机制。人格发展较成熟的人，常懂得在适当的场合，使用合适的幽默，将一些原来较为困难的情况转变一下，大事化小，小事化了，渡过难关，免除尴尬。它是一种成功的适应方法。

综上所述，当人遭遇挫折时，常会心情不愉快，甚至痛苦焦虑。为了不让这些不愉快、痛苦的情绪压抑折磨自己，特别是长时间地折磨自己，就要尽量避免或减轻焦虑心理的发生。建立心理防卫机制的目的在于处理自己与现实的关系，以消除心理的挫折。

第四节　开玩笑也需要把握分寸

一、无心伤害——没有分寸的幽默很不好

生活中，人们总爱开玩笑。它能给枯燥的生活增添许多乐趣，但是说笑话要谑而不虐。人的生活，不能过分严肃，过分严肃，生活便减了情趣，而精神的表现便流于呆板。同时因为你的呆板，减少了人与人之间的亲和力，人家不愿与你接近，所以精神要有张有弛才好。所谓精神的弛，就是有时你要与人有说有笑，说些风趣的话，说些诙谐的话。

幽默滑稽是调节精神的好方法，一般年老的人，因为少了这一点，整天不苟言笑，所以年轻人便不太愿意与他接近。如果年轻人整天板着脸，显出严肃的神情，老年人也许称你是少年老成，其实这是你的错误。年轻人应该活泼、高兴，应该严肃时严肃，不应该严肃时还是要嘻嘻哈哈，充分发挥你天真的一面。可是真懂得幽默不是容易的事。

其实，在任何事情上都要掌握分寸：用转笔刀削铅笔，劲儿用得稍偏一点，刚削好的铅芯就会折断；汽车上的售票员关门早一秒钟就可能夹住人；医生动手术，差一秋毫就可能使患者丧命；朋友之间，一件事处理不当，也可能使双方成为冤家；在尖端科学上，常常是“失之毫厘，谬以千里”。因此，无论是人与物，还是人与人之间，掌握分寸都是十分重要的。

现在，有些人把自我意识、自我完善与他人利益、社会利益对立起来。其实，他们忽略了一个基本事实：人是生活在社会上的人，“人的本质是一切社会关系的总和”。作为社会产物的人，必须合作才能生存、创造和发展。而

且，越是现代化，科学技术发展得越迅速，人与人之间的联系、配合就越是密切。

因此，掌握分寸不是软弱和无能，而是我们对自我能力和局限应有的清醒认识，是对生活具有责任感和坚强意志的表现。这恰恰是取得成功的重要保证。

适度的玩笑并无害处，但是如果失去分寸，那开玩笑者的一时快乐很可能要建立在别人的痛苦之上。而且玩笑开过了头，就成了攻击和污蔑。

二、学会掌握幽默的分寸

所谓分寸，原没有明确的标准，而对方心理上的反应程度，却不能不注意。否则自己好意让对方快乐，结果却弄巧成拙，甚至会使彼此留下不快印象，对自己的人际关系产生不好的影响。

1. 看场合，在严肃的场合或者当人家遇到不幸和烦恼时，不要开玩笑。

2. 人家聚精会神地工作或学习时，不要开玩笑。

3. 最好不要和性情孤僻的人开玩笑；不要将人家的隐私或伤心事抖搂出来取笑；不要捕风捉影，无中生有，道听途说。

4. 说话时要认清自己的身份。任何人，在任何场合说话，都有自己的特定身份。这种身份，也就是自己当时的“角色地位”。比如，在自己家庭里，对子女来说你是父亲或母亲，对父母来说你又成了儿子或女儿。如用对小孩子说话的语气对老人或长辈说话就不合适了，因为这是不礼貌的，是有失分寸的。

5. 说话要尽量客观。这里说的客观，就是尊重事实。事实是怎么样就怎么样，应该实事求是地反映客观实际。有些人喜欢主观臆测，信口开河，这样往往会把事情办糟。当然，客观地反映实际，也应视场合、对象，注意表达方式。

6. 说话要有善意。所谓善意，也就是与人为善。说话的目的，就是要让对方了解自己的思想和感情。俗话说：良言一句三冬暖，恶语伤人六月寒。在人际交往中，如果把握好这个分寸，那么，你也就掌握了礼貌说话的真谛。

概括起来说，要掌握好为人处世的分寸，就要注意根据不同环境、不同对象的具体情况，确定我们的言行。凡事三思而后行，使自己总能保持一种分寸感，就能使言行恰到好处，有利于巩固和发展人与人之间的友好关系。

三、取笑可以幽默，也请把握分寸

生活中，你要说笑话，总不会自己说自己听，或自己逗自己发笑，一定要几个人在一起，即景生情，临时找出取笑的资料。但是问题就在这里，普通说笑，往往把聚在一起的某人做对象，利用他的缺失，造成一个笑话；或利用他平常的言行，来制造一个笑话。这是我们最常见的情景，所以单单拿出来给大家提个醒——取笑也要有个分寸。

1. 用意含蓄地暗示。

通过使用被动句式避免提及施事者，把有关意思表达出来，以显得婉转一些。例如：如果事情成了，不会白操心的。

2. 自说自话地暗示。

使用不定代词代替“你”或“我”把有关意思表达出来，使有关话语听上去稍微平和一些。例如：谁求不着谁？任何人都这样做的。（比较：我只好这样做。）点名道姓叫人家干这干那或者强调他人必须如何，这常常是不怎么礼貌的。如果换用一些代词，就会显得较为礼貌。

3. 以多胜少地暗示。

使用“我们”代替“我”，把自己的看法、意见、决定等表达出来，以免显得主观武断。例如：“我们实在是没办法了才来找你的。”（意即：这是大家的共同愿望。）在现代交往中，利用“我们”代替“我”是比较常用的礼貌表达方法。在政治活动、外交事务、学术交流、商务交往中，使用更为广泛。

4. 旁敲侧击地暗示。

通过旁敲侧击的说话方式把有关意思暗示出来，以免直接驱使对方，令人难堪。例如：我要出差半个月，我养的那些花没人浇水，就得枯死。（意即：你来帮我照看一下吧。）请人做事，不必都要具体细细讲明。有很多情况下只要给对方一点儿暗示即可，这样就显得很自然。

5. 提供线索地暗示。

通过提供有关线索，间接引导对方考虑自己的建议或请求，给自己和对方都能留下很大的余地。例如：我们公司离你家很近，几步路就到了。（意即：请你去一趟吧。）借助话语线索间接向对方发出邀请或请求，常常比直接讲明心愿更为得体一些。

6. 预设前提地暗示。

通过蕴含的前提把有关意思暗示出来，使对方自然而然地按照自己的要求去做。例如：这院子前几天是我打扫的。（意即：今天该你打扫了。）这句话蕴含了一个前提，就是“这院子应该你我轮流打扫”。说话人没有把它直接说出来，则显得比较含蓄。

7. 轻描淡写地暗示。

有意使用轻描淡写的语言把有关意思表达出来，使之更易接受，更有意味。例如：“你帮我把这房间稍稍粉刷一下。”（实际上需要彻底粉刷一下。）在提出建议、作出评价时，如果根据对方心理特点适当压低调子，效果可能更佳。

8. 最后通牒式地暗示。

用夸张的方法把绝望的意思表达出来，通过说明事情的难度等，求得对方的谅解。例如：“我是上天无路，入地无门了。”（意即：不到最后关头，是不会给你添麻烦的。）

在向对方表示歉意时，适当强调客观原因，可以表明并非主观不积极，因而容易得到对方的谅解。当然，这也要掌握好分寸，否则就会显得不实在。

9. 唯一选择地暗示。

借助同是反复的句式把有关解释、劝慰等表达出来，显得比较近情达理，例如：领导毕竟是领导。（意即：这事非你不行。）类似的表达方式在日常交际中很常见，听起来非常自然。

10. 用委婉替代斥责。

委婉实际上可以说是一种修辞手法，即在讲话时不直陈本意，而是用委婉之词加以烘托或暗示，让人思而得其意，而且越揣摩，似乎含义越深、越多，因而也就越有吸引力、说服力和感染力。在社交中，人们往往会遇到不便直言之事，只好用隐约闪烁之词来暗示。

在分寸以内，大家欢乐，超过了分寸，便要搞得不欢而散了。一个人最好是能说笑话，但说笑的资料最好不要取材于聚在一起的人，而要取其他方面，比方拿眼前某种事或物来做说笑话的资料，丝毫不牵涉到聚在一起的人，或拿最近发生的社会奇闻做说笑资料，也可以无中生有，临时编造一个笑话。

而笑话的内容，更要因听笑话的人的承受程度而异，对有地位、有学问的人说粗俗的笑话，会显出你的鄙陋；对普通人说高雅的笑话，他们无法领会，不会觉得好笑。同时，取笑的幽默只要出自善意，讨论也就和谈话一样。否则，幽默可能演化成怒气冲冲的争吵，一方激烈地攻击另一方，同时拼命地维护自己，这是良好谈吐的大忌。说笑不是件容易的事。

第五节　如何变得幽默

一、生活不能没有幽默

没有幽默的生活是乏味的，为了使自己的生活变得富有色彩和情趣，每个人都应学会些幽默，这样才能舒展你的愁眉，化解你的烦恼，驱散不良情绪，同时也给你接触的人以欢乐。其实要想做到这一点，相当不容易，它需要长期的观察、积累和学习，还要有对生活深刻的领悟，因此，要有意识地培养才可能获得幽默的自然流露。

在现实生活中，幽默能使我们的生活充满情趣，谁都喜欢与谈吐不俗、机智风趣的人交往，而不喜欢跟抑郁寡欢的人接近；幽默能缓解矛盾，使大家融洽和谐；幽默还能使批评教育的效果更好。因此，陌生人喜欢幽默也就不难理解了。不过，要想养成良好的幽默感并非轻而易举。有些人不管大事小事，不分场合，总是不苟言笑，有时他们的幽默像棍子，打得对方蒙头而逃，这其实是嘲讽、揶揄、奚落，不是真正的幽默；有时，他们对别人的幽默表达不能心领神会，这不免让人扫兴。

二、什么是我们需要的幽默

要想拥有幽默感，我们必须先了解什么是幽默。幽默并不是天生的，诚然，每个人生下来是互不相同的，有些人天生从长相、语言或动作上就有滑稽和惹人发笑的天赋，但那只是滑稽，是幽默的一个基本方面，并不能称为幽默；有些人看过并记住了很多笑话，并擅长逗人发笑，这也不能称为真正的幽默。

幽默是一种特殊情绪的体现。它是人们适应环境的工具，是人类面临困境时缓解精神和心理压力的方法。俄国文学家契诃夫说过：不懂得开玩笑的人，是没有希望的人。

幽默还是一种品位素质的展示。它不是油腔滑调，也不是嘲笑或讽刺。正如有位名人所言：气浮心躁难以幽默，装腔作势难以幽默，钻牛角尖难以幽默，捉襟见肘难以幽默，迟钝笨拙难以幽默，只有从容大度、平等待人、超脱世俗、游刃有余、聪明透彻才能幽默。

幽默更是一种聪明睿智的表现。它必须建立在成熟阅历和丰富知识的基础上。一个人只有有了审时度势的能力、广博的知识、敏捷的思维，才能做到谈资丰富，妙言成趣。

一个具有幽默感的人和会说笑话或能逗人发笑的人是有区别的。只有深刻领会幽默的内在含义，机智而敏捷地指出他人的缺点或优点，在微笑中加以肯定或否定的人才是一个真正懂得幽默的人。这样的人充满生活情趣，许多看来令人痛苦烦恼之事，他们却应付得轻松自如。以幽默来处理烦恼与矛盾，可以使人感到和谐愉快，相融友好。

幽默文化在中国的发展是比较落后的。中国是一个经历几千年封建体制的国家，人们的思想自我约束感很强，顾虑太多，与人交往中更希望展示完美自我，难以自嘲。纵使幽默，也多为针对第三方，简单而直接的多，智慧而含蓄的少。现在更是发展到了“荤”的笑话、短信、打油诗满天飞的状况，这些荤笑话多为庸俗而低层次的，应该杜绝。所以，生活中的我们都应当学会幽默，多一点幽默感，少一点气急败坏，少一点偏执极端，少一点你死我活，少一点低级趣味。

三、如何培养自己的幽默感

1. 要学会自我“调控”，陶冶自己高尚的情趣，为幽默铺平思想和情感之“基”。

具有幽默心理品质的人，在任何情况下，都能够积极热情、富有同情心，并能以巧妙的语言和动作，或以自嘲的方式“化干戈为玉帛”，改变自己与周围人的关系，也使自己处于有益于身心健康的情绪状态之中。

2. 勤于思考，培养深刻的洞察力。

幽默是一种心理的健美操，需要经过长期的思想锻炼。因此，不断提高我们观察事物的能力，在实践中开拓自己的机智，培养敏捷的作风，是提高幽默感的一个重要方面。而生活则是幽默的源泉，只有以对现实生活的热爱，对未知领域的向往、探索，对新事物本质的深刻认识、迅速捕捉，才能发现生活本身的幽默，创造出生活真正的幽默来。

3. 要扩大知识面。

平时我们要多读书，拓宽自己的知识面。因为幽默是建立在丰富知识的基础上的，只有掌握丰富的知识，才能做出恰当的比喻，让人回味无穷。另外，幽默是一种智慧的表现。要具有审时度势的能力、深刻的洞察力、迅速捕捉事物本质的能力、深广的知识面，这样才能够谈资丰富，妙语成趣。可见，我们想要使自己有幽默感，必须广泛涉猎各类知识，用人类的文明成果丰富自己的头脑，从浩如烟海的书籍中收集幽默的浪花，从名人趣事的精华中撷取幽默的宝石。

4. 陶冶情操，洒脱面对人生。

要有一颗宽容之心，善于体谅他人，要学会雍容大度，克服斤斤计较。同时还要乐观对待现实，乐观与幽默是亲密的朋友，生活中如果多一点趣味和轻松，多一点笑容和游戏，多一份乐观与幽默，那么就没有克服不了的困难，也就不会整天愁眉苦脸、忧心忡忡了。

5. 寓宽容于诙谐之中。

幽默常常是一种宽容精神的体现。重大原则问题当然不能马虎，但生活中并非万事都值得认真。考虑问题、处理问题要有灵活性，要善于体谅他人。如在公共汽车上，有人不小心踩了你一脚，你不但没有责备对方，而是幽默地说："看来是我的脚放的不是地方吧?"大家一笑了之，效果反而更好。那位踩你脚的人在红脸笑过后，一定会提醒自己以后千万谨慎下脚。

6. **由乐观到达观**。

幽默和乐观精神是一对朋友。很难想象一个成天愁眉苦脸、忧心忡忡的人会有出色的幽默感，中国有句名言："穷且益坚，不坠青云之志。"当一个人经济窘迫，生活潦倒时，这句话给人以精神力量，幽默也常常是这种精神的表达。

7. **注意对象和场合**。

俗话说：宁与大人打一架，不和孩子说笑话。意思是说，与孩子开玩笑时，孩子说话无分寸，因此常常会使人难堪。所以幽默要看对象，如对不苟言笑的老师、长辈和不熟悉的人，最好不要与之开玩笑。有哲言道，真理和谬误只差半步，其实贫嘴和幽默也只差半步。对象不同、场合不同，讲话的方式也应有所不同。

8. **勿以对方的生理缺陷或痛苦作幽默的话题**。

有人往往一不小心就拿朋友的生理缺陷开玩笑，引得众人哈哈大笑，但这种做法绝对不是幽默，而是一个道德品质问题。同样，他人的心理痛苦也不应该作为幽默的话题，这是对别人的一种侮辱，把别人的痛苦当作自己快乐的基础，是不可取的。真正的幽默必须是高雅的、有回味余地的，同时也是善意的。

9. **勿粗鄙庸俗**。

高雅的幽默是一种精神享受。林语堂在台湾时，曾参加过一个酒会，会上一些绅士们争着做长篇发言，轮到林语堂时，他却说："演说应像外国女人的裙子，越短越好……"这种幽默俗中含雅，令人回味无穷，当是幽默中的上品。

第五章

重视细节才能成功社交

第一节　学会尊重对方

一、人是需要尊重的

人们都喜欢获得尊重。一个人尊重别人，内强素质，外树形象，才能获得外界对他的尊重。学会尊重别人，就是强调要树立平等意识。如果说，被人尊重是做人的一种权利和需要，那么尊重别人，则是一种美德，一种文明。尊重别人，并不是失去自己，而是开放自己、尊重自己，是通过尊重他人来赢得他人的尊重。

尊重别人，包括尊重周围的一切人。学会尊重别人，还要尊重集体，尊重社会，自觉地遵规守矩，不因自己的言行不当而妨碍他人。尊重集体、尊重社会的基本要求就是遵守规则，维护权利，承担责任。只有学会了时时处处尊重别人，才能时时处处保证自己的言行不越轨、不逾矩，做一个受他人尊重的文明之士。

现实生活中，一些人不注意尊重别人。主要表现有：

一是居高临下。有的人总是以“领导”“老师”自居，居高临下教训人。似乎领导、老师就掌握真理，领导、老师总是对的。与朋友、同事谈话，动辄就是你要注意一、二、三、四，我讲你听，盛气凌人。

二是言行不一。理论认知与实际践行不一致，讲道理时比谁都讲得好听，做起来却大打折扣，人前人后两副面孔，表态与心态不一致，会上讲真理，会下讲歪理。

三是不讲感情。晓之以理头头是道，动之以情却做不到，对人对事干巴巴、冷冰冰，原则来原则去，不讲情感，不顾客观效果，不会以人为本。

二、如何尊重对方

1. 在态度上尊重别人。比如老师讲课、发言、他人谈话时，我们要注意倾听。

2. 在礼仪上尊重别人。如果蓬头垢面，不仅有损自己的形象，也是对合作伙伴的不尊重。站着和别人交谈时，不要用脚连连打地；与领导、长辈交谈时，勿跷“二郎腿”。

3. 守时也是一种尊重。和某人约好聚会，就应当准时赴约；公司安排活动更应当准时参加。

4. 尊重别人要注意场合。别人办喜事，就别说不吉利的话；人家办丧事，就不要兴高采烈。比如别人没考好，就不要大谈特谈自己考得如何如何好。

5. 只有在心理上有尊重别人的想法，才可能做出尊重别人的行动。请记住：“每个人在人格上都是平等的。”不因自己家境好、成绩好就自倨、自傲而轻视他人。

6. 尊重他人要学会“见什么人说什么话”，也就是要了解对方的年龄、身份、语言习惯等。假如对方是位年长者，在称呼上要礼貌，在语气上要委婉，在语速上要舒缓，在话题上要“投其所好”。

7. 尊重他人还要注意打招呼时不要“喂喂……”不停，或者叫绰号，因为对方肯定“别有一番滋味在心头”；交谈时不谈对方不愿讲的话题，不揭对方的伤疤等。

其实，尊重别人就是在尊重自己。如果你懂得尊重自己，那么也要学会尊重别人，这样你的人际关系才能达到最和谐的境界。

第二节　谦虚才能成大事

一、保持谦逊，摒弃虚荣心理

牛顿说过:他只不过是一个在大海边拾到几只贝壳的孩子，而真理的大海他还未曾接触。英国小说家詹姆斯·巴利的话最为中肯：“生活，即不断地学习谦逊。”中古时期的宗教家康庇斯曾说：“对成功不引以为意的谦虚者，非常了不起。”这句话是至理名言。胜不骄、败不馁的确不凡。康庇斯强调每分每秒都要积极地生活，予己快乐，并与他人分享。

谦逊并非自我否定，它是自我肯定，信任我们为人的正直与尊严。谦逊是成功与失败的融合。我们对于过去的失败有所警惕，对于现在的成功有所感念。我们不能让成败支配自己。谦逊具有平衡作用，不让我们超于自己，也不让我们劣于自己，也不是让我们高人一等或屈居人下。谦逊即是宁静，使我们不致受往日失败的拖累，也不致因今日的成功而嚣张。谦逊是情绪的调节器，使我们保持自我本色，保持青春常驻。

二、学会谦虚的四种方法

学识丰富的人，由于对知识过于自信，多半不容易接受别人的意见。知识要丰富，态度要谦虚。不仅如此，他们往往强迫别人接受自己的判断，或擅自作决定。如果这么做，将会导致什么后果呢？对！被压制的人，会觉得受到侮辱、伤害，而不会心甘情愿地听从。他们可能会愤怒、反抗。更严重的，也许会诉诸法律。

谦虚的反义词是浮夸和虚荣。浮夸和虚荣腐蚀人性，但几乎没有人能逃过它们的诱惑。有虚荣之念，易生自满之心。在虚荣自满的憧憬里，以为自己功成名就，事实上离成功还远。在自筑的象牙塔内，你故作姿态，想引起注意，但就像在大理石上搔痒一样，不发生任何作用，等你明白事情真相后，则变得讨厌自己，失去了自我。

为避免上述情况，随着知识量的增加，你必须要更加谦虚。即使谈到自己有把握的事，也要表现出不太有把握的样子。陈述自己的意见时，切勿太过武断。若想说服别人，就先仔细倾听对方的意见。这种程度的谦虚，是不可或缺的。要是你讨厌被批评为假道学或俗不可耐，也不喜欢被认为没有学问，那么，最好的方法就是不要故意卖弄学问，用和周围的人同样的方式说话。不要刻意修饰措辞，只是纯粹地表达内容即可。绝对不可让自己显得比周围的人更伟大，或更有学问。具体说来包括以下几种方法：

1. **分功他人——却让法**。

谦虚并不意味着不肯定成绩，而在对成绩本身有一个正确的估价，对成绩有一个清醒的认识，尤其不要忽视他人的作用及机遇等因素。化学家戴维尔发现纯净的铝后，有人劝告他，让他声明自己是铝的真正发现人。因为在戴维尔之前，德国人弗勒制出的铝不是很纯净。戴维尔没有听从劝告，反而用铝铸了一枚纪念章，上面只刻了弗勒的名字和 1827 年的字样，送给了那位德国化学大师，并对劝告他的人说道："我很荣幸，能够在弗勒开辟的大道上多走了几步。"这位科学家在取得成就的时候，念念不忘前人给予的启示，不但无损于自己做出的贡献，反而使其辉煌业绩与谦虚美德交相辉映，从而赢得了人们更大的尊敬。

在日常工作和生活中，这种归功他人的谦虚法，人们往往用得比较多，效果也比较好。某公司的副总经理才三十岁出头，但许多人都夸他把公司工作处理得井井有条，而他总是很客观地说："这主要得益于几位中层干部，他们经验丰富，平时工作积极主动，各尽其责；我当然就不需要操多少心了。"从这一席话里不难看出，谦虚，正是他取得成功的一个法宝。

2. 强调努力——侧重法。

有时候，为了说明自己取得的某些成就或者胜任的某项工作，人们不免要对自身因素作出评判，诸如品德、才智、思维方式、心理素质、努力等。谦虚者所强调的往往是努力的因素，因为这类因素较容易为人们所效仿，具有很大的启发意义和学习价值。

爱迪生被世人誉为“发明大王”。他一生为人类提供了约两千项大小发明，平均约15天一项。他发明的电灯、电报、电影、电车、电话、蓄电池、发电机、留声机等，深刻地改变和影响了人类的生活。他对人类文明所做出的巨大贡献是难以估量的。“伟大”二字冠在他的名字前面，恐怕全世界都不会有争议。人们都说他是个天才。而他却说“天才是百分之一的灵感，百分之九十九的血汗”。在巨大的成就面前，他强调的不是天赋而是血汗，这是何等的谦虚！他的这句名言，大大提高了人们从事发明创造的勇气，激励着人们勤学苦练、奋发有为。

3. 找出不足——对比法。

与自满相反，谦虚是一种积极的人生态度，其特点是朝前看、朝上看，在广泛对比中关注的是他人的长处、强者的水平、未来的需要，因而总能找到自己的不足，在成绩面前不骄不躁，保持永不满足的进取心。

自满之人，喜欢以自己的长处与别人的短处相比，气量狭窄，妒贤嫉能。虚心之人，喜欢以自己的短处与别人的长处相比，见贤思齐，求贤若渴。以长比短，越比越短；以短比长，越比越长。

4. 幽默调侃——冲淡法。

有时候，他人的称赞恰如其分，若否定则有悖于事实，若肯定则有沾沾自喜之嫌，不妨采用自嘲、夸张、巧辩等形式的讥笑，将对方的称赞加以冲淡、化解或变换。

某小姐的下巴正中恰好长了一颗痣，人赞之为“富贵痣”，她却轻轻一笑："说不定是颗贪吃痣呢。"某小伙子长得高大健美，人见人夸，他总爱这样回答："吃了饭只长个子不长心眼，当然四肢发达。"把富贵痣说成贪吃痣，把高大健美说成四肢发达，表面上是在玩弄概念游戏，实际上把可赞化作了可笑，把人夸换作了自嘲。调侃得随意，谦虚得别致。

克雷洛夫是位有名的寓言大师，他写的寓言被译成53种语言。当他的朋友称赞他的书写得好、销路广时，他风趣地说："不是我的书写得好，是因为我的书是给孩子们看的，他们容易把书弄坏，所以印得多。"这样的回答，既别出心裁，又风趣幽默，显示出说话人敦厚的涵养，幽默得隽永，谦虚得妥帖。

除了上述四种方法，人们常用的还有否定法、质疑法、请教法以及各种敬词谦词法等。可以说，谦虚是一门大学问，领悟了它，就获得了一种动力、魅力、合力，就能在平凡人生中构筑起一道美丽的风景线。

第三节　战胜害羞心理

一、人为什么会害羞

在生活中我们常常会见到这样的现象，平时有些活泼可爱的人在大庭广众面前发言，就心跳加快，手足无措，这便是害羞的一种表现。一般的害羞是一种自然现象，对人并没有什么影响，但过分的害羞就不然，它会阻挠人们进行积极的交流，甚至影响前途与命运。

卡尔杜齐指出，害羞的人生活在自己的世界里，其实更渴望与人接触，与人为善，但似乎不知道该怎么做才好。在进入新的社会组织时，他们也属于“慢热型”，部分原因在于他们自我意识过强。害羞的人会趋向所谓的“有限安全地带”，在他自己划分的“安全地带”中，他很开放，有一群好朋友，但他总是只跟这个小圈子的朋友在一起，而且总是做同样的事情，避免让自己面对新的社会问题。

产生害羞的原因有以下几种：

1. **青春期心理、生理变化引起的自然反应。**

一般来说，进入青春期，身体会发生一系列变化。此时，男女青年正处于生理心理发育最旺盛的时期，激素分泌较多，对外界的刺激（如异性）会产生很强的感应性反应，体内的平衡打破，变得紧张起来，这样人体就产生了一系列保护性反应，如有冷汗、脸红、心跳等。属于这种情况的害羞并不是什么病态心理，而是一种生理变化的自然反应。

2. 性情孤僻，生活天地狭窄所致。

害羞并不是天生的，它是由一定的环境造成的。害羞的人，绝大多数是喜好清静，不善社交，性格内向、孤僻的人。这些人性格的形成，差不多都是由于他们长期在一个相对狭小的生活环境中成长起来。他们接触面小，与人交往少，久而久之，他们就不愿与人交往，过多地约束自己的行为，以致在与人交谈中，因羞怯而不能充分表达自己的思想感情。由这种原因产生的害羞心理，如得不到改变，时间长了就可能导致沮丧、焦虑的情绪和孤独感，性格上的软弱和冷漠。因此，因这种原因而害羞的青年，应设法改变自己生活的环境，增加社会交往，使自己变得开朗、豁达些。

3. 心理负担过重，缺乏自信心。

有些人非常注意别人对自己的评价，注重自我在别人心中的形象和地位，有很强的自尊心。他们渴望得到别人的理解和尊重，但对自己又缺乏自信心。因此，经常担心怀疑自己的言行是否得到周围人的承认和尊重，形象是否美好，生怕别人看不起自己，也怕自己的举止言谈不得体而招来非议和耻笑。由于心理负担过重，因此，在公共场合表现得不自然，紧张、心跳、腼腆、怯场。由这种原因而产生害羞时，应该正确地认识自己，树立自信心，发挥自己的长处和优势。要知道一个人的可爱之处，就在于有属于自己的良好的个性品质和气质特征。因此，要使自己给别人留下美好的印象，不是去注重别人怎么看自己，而是要追求自己内在的素质和修养。

卡尔杜齐还说，尽管如此，羞怯并不影响一个人自尊心的形成。人们总是在他们生活领域的某些方面充满自信——害羞的人也许能够在几百人面前发表演讲——但如果让他与一个陌生人交谈，即使只是个想法，也会令他极度紧张的。

二、如何克服害羞心理

面对貌似无法控制的害羞，其实有很多方法可以让人们战胜这种心理。韦尔兹利的心理学家切克说："其中，方法之一就是放松训练法。人们可以想象自己身处在各种不同的社会情境，同时做缓慢的深呼吸，以此保持镇定。"

举例来说，"如果一位害羞的男士想和一位与他有工作关系的女士约会，他的第一个目标大概是能和她有一个简短的与工作有关的交谈。"切克说，"在这样做之前，他应该先和朋友或咨询顾问练习练习这个谈话，然后在下一次与这位女士交谈时，他可以和她聊一点私人相关的话题，到最后，就可以自然而然地约她出来了。"

具体说来，克服害羞的方法可以总结为：

1. 写日记，找到恐惧的根源。

写日记是省事又有效的治疗方法。我们远比别人更了解自己，记下自己的想法和恐惧，找到根源，再想办法克服。

2. 假想一个"不害羞的你"。

心理学家菲利普·任巴度说："假设自己是在一部戏里演个角色，局促不安的感觉就会消失。毕竟这不是真的上台演戏，只是扮演一个角色罢了。"

3. 做好准备。

假如要去参加社交聚会，最好先弄清楚与会人士的身份、职业、喜好。"假如要去拜访素不相识的人，最好先了解一些有关他的情况，到时交谈起来就会得心应手。"

4. 改变身体语言。

心理学家亚瑟·华斯麦说："羞怯的人往往不知不觉表现出冷淡退缩，总希望人家知道他们'惊慌，害怕，吓坏了'。可是别人却很难收到这种信息，反而把这种身体语言视为冷漠、自负的表现，因而离得远远的，使羞怯的人更没有安全感。"

所有的技巧当中，华斯麦说："简单的身体语言变化具有立即可见的惊人效果。"他列出了一些能够表露热情的身体语言信号：微笑；开放的姿态（不要紧抱双臂）；上身略微前倾；肢体接触（如握手）；眼神接触；点头（表示你在注意听而且了解对方的谈话)。“只要对周围的人表露出这种平易近人的形象，就会获得友好、善意的回应，对陌生人的害怕也就没有了。”

5. 吐露隐忧。

容易羞怯的人最怕的是亲人、朋友甚至医生都不把他们的问题当一回事。心理学专家柯伯恩建议去找“安全的人”，这种人不会介意你害羞——莫找那些叫你不要钻牛角尖的人。“你所需要的，是愿意听你诉说心中恐惧，但不会遽下判断的人。”

6. 作最坏的打算。

美国洛杉矶加州大学的保罗·包恩医生要病人在有同样问题的人面前谈自己的恐惧。譬如有人怕演讲，其他人就会向他提问：“你的羞怯来自何处?”“小时候就有人讥笑我。”“最糟糕的情况能坏到哪里去?”“他们会讥笑我!”“结果你会怎么样?”“要么跟他们一起笑，要么永远不去向那群人讲演。”

由此可见，即使是最坏的结果，也远不如你想象的那么坏。倒是有种恐惧往往伴随羞怯出现，在生理上表现为：出汗，声音发抖，脸红。然而研究显示，这些症候远不如害羞者所担心的那样引起旁人注意。

7. 丰富知识，勇于同比自己强的人交往。

有些人常常钦羡别人丰富的知识、侃侃而谈的风度、洒脱大度的气质，却担心自己知识浅薄而羞于与人交谈，羞于在大庭广众之下发表见解，也不敢与比自己强的人交往。久而久之，变得愈来愈偏执，愈来愈闭塞、孤僻。意识到自己浅薄，从某种意义上说是有自知之明，问题在于应在自愧不如的同时，不消极怨叹，而应勤奋地去追求知识，开拓自己的知识面。勇于同比自己强的人交往，这样不仅可以从他人那里获得更多的知识来丰富自己，而且可以从与人交往的过程中获得信息和力量。只要你决心加强知识学习，勇于同比自己强的人交朋友，你会惊喜地发现，害羞不知何时逃遁了。

8. 从狭隘的自我中走出来，塑造一个美好的“我”。

害羞心理往往在青少年时期最为突出。这个时期，自我意识成熟，重视自我形象，注重别人对自己的评价，注重自我在别人心目中的地位，重视自己在异性中的形象。由于过于注重自我形象，而容易使人们陷入狭隘的自我的寻觅中。他们因担心想象中的美好自我会在别人心目中受到扭曲，因而经常怀疑自己的言行是否会得到他人的承认和尊重。这样，他们在人前常常表现为拘谨、忸怩、心慌、腼腆、羞怯。要知道，一味注重别人如何评价自己，要求别人赞誉自己，只追求形式上的自我形象是狭隘的，是不利于自己成长的。要想得到他人的赞赏和承认，重要的是，要确立正确的价值目标，加强自身文化、思想、政治品质等方面的素质，用自己的真诚和执着的追求，把自己塑造成一个具有远大理想、有良好个性品质和美好情操的人。这样，我们就不会因狭隘的自我而苦恼，也不会因狭隘的自我满足，羞于与人接触、交往了。只要你从狭隘的自我天地中走出来，就会发现自己变得开朗、坦荡、勇敢。

9. **改变孤独的环境，扩大社会交往。**

有些青年人性格内向，喜好独处，寡言少语，不善交往，把自己局限在一个狭窄而封闭的生活环境中，见到陌生人就常感到无地自容，羞容满面，连正眼看人的勇气都没有，更别说与人交谈、表达自己的思想了。为此有些人常常也很苦恼，总在心里哀怨自己没出息，为什么连见人、与人交谈的勇气都没有。其实，这种哀怨是无用的。要知道性格是在长期生活实践中形成的。一个人长期生活在一个封闭的环境里，自然就会变得孤僻，不善交往。因此，要改变自己生活的环境，把自己从孤独的环境中解脱出来，多吸取时代的生活气息，使自己变得开朗、乐观起来。

要有意识地扩大社会交往，与同事交流思想、探讨问题，与朋友磋商学业、共同娱乐，在这样的气氛下，孤僻的性格就会得到改善，久而久之，你会发现自己变得充实而富有朝气，还会发现自己不再在人前窘迫难言，也善于表达自己的思想了。

10. **敞开心扉，主动与他人交往。**

人人都渴望别人的关心和爱，理解这一点是我们走出封闭世界的关键。在日常生活中，要尝试与熟悉的、不熟悉的人打招呼、微笑，尝试尽自己的力量帮助别人。事实上，我们长期以来习惯于封闭自我，生活在一个狭小的天地中，与外界接触少，加上心理障碍的束缚，就会减少与他人交往。每个人心理都藏有防卫机制，怕自己遭人拒绝，这使他们在与别人交往时不知所措，有时显得过分谦卑，低三下四；有时又故作冷漠高傲，拒人于千里之外。

只要你真诚待人，总会得到别人的理解和善待，关键在于自己不但要主动，而且要敞开心扉。只有当你倾诉心声时，才会引起别人与你在精神上的共鸣和情感上的交流。

第四节　记住对方的名字

一、记住别人的名字非常重要

这种事在许多人身上发生过。主人把你介绍给什么人之后又去招呼其他客人了。你却要和一个你已经忘记其名字的人交谈。这已经够糟的了，而更糟的是这时又过来一位你认识的人加入你们的谈话，并且用期待的目光催促你做个介绍，可你连这也做不到！

为什么经常发生这样的事，我们刚刚被介绍给了什么人，但却很快忘了他的名字？通常是因为我们在介绍的时候没有予以足够的关注。而只须付出几秒钟的专注，牢记新认识的人的名字，那么以上窘迫都能避免。

一个人的名字对他自己来说，是全部词汇中最好的词。为了取得社交上的成功，成为受欢迎的人，我们应该学会用心记住别人的名字。记住人家的名字，而且很轻易就叫出来，等于给予别人一个巧妙而有效的赞美。若是把人家的名字忘掉，或写错了——你就会处于一种非常不利的地位。

一个美国人有一次在巴黎开了一门公开演讲的课程，发出复印的信件给所有住在该地的美国人。那些法国打字员显然不太熟悉英文，在打个别名字的时候，出了错。有一个人——巴黎一家大的美国银行的经理——写了一封不客气的信给这位老师，因为他的名字被拼错了。

二、记住名字的奇特效果

钢铁大王安德鲁·卡耐基在十岁的时候，就发现人们对自己的姓名看得惊人的重要。而他利用这项发现，去赢得同别人的合作。

他孩提时代在苏格兰，有一次抓到一只兔子，那是一只母兔。他很快发现了一整窝的小兔子，但没有东西喂它们。可是他有一个很妙的想法。他对附近的那些孩子们说，如果他们找到足够的苜蓿和蒲公英，喂饱那些兔子，他就以他们的名字来替那些兔子命名。

这个方法太灵验了，卡耐基一直忘不了。

好几年之后，他希望把钢铁轨道卖给宾夕法尼亚铁路公司，而艾格·汤姆森正担任该公司的董事长。因此，卡耐基在匹兹堡建立了一座巨大的钢铁工厂，取名为“艾格·汤姆森钢铁工厂”。

如果你能记住某个人的名字，并在以后再见面时能不费劲地称呼他的名字，这就是对他的一个小小的恭维。

所有政治家首先知道下面的这个真理：“你能记住选民的名字，这就意味着你能成为国务家。忘记选民的名字，这就意味着你将成为被遗忘的人。”无论是实业家还是政治活动家，都必须有记住别人名字的能力。

拿破仑三世（法国皇帝，拿破仑一世的侄子）自豪地说：尽管他日理万机，仍然能记住每一个参见他的人的名字。他怎能做到这一点呢？事情很简单。如果没听清来人的名字，他就说：“请原谅，我还没完全听清你的名字。”如果名字特殊，他就问：“你的名字怎么写？”谈话时，他总要有几次提到谈话者的名字，努力把谈话者的名字同其本人的面部特征和整个外表联系起来。如果那人的脸引起拿破仑三世的什么兴趣，拿破仑三世就非常关注他的名字。他一个人的时候，就在纸上写人的名字，把它记在心里，然后把纸扔掉。这样他努力通过视觉和听觉来记住每位参见者的名字。

三、轻松记住名字的建议

我们尝试着照以下方法来做，就可以轻易把对方的名字锁定在记忆中。

1. 重复。

比如说，你被介绍给约翰·史密斯，立刻在心里重复这个名字。然后看着这个人的脸，把它记牢，用问句声调重复这个名字："约翰·史密斯?"你会立刻听到肯定的回答。然后跟一句："约翰，很高兴认识你。"

用这个方法你还可以听到全名"约翰·史密斯"两次，而名"约翰"，则是几秒种内三次。这样你就有更多的机会把这个名字锁进记忆中。

2. 特征记忆法。

当我们第一次被介绍给某人时，我们也应该试着找出这张独一无二的脸上的某些特征，就从他名字的头一个字母开始。这些都可以帮助我们把这个名字牢记在脑海里。

3. 趣味记忆法。

制造一些带趣味性的联想加强记忆，以便事后能想起这条重要的信息。只要有可能，我们应该使记忆变得有趣，尤其是名字，似乎很乏味的东西也许可以变得轻松起来。假如姓很特别，可请教其拼法。这本身就能带来关于名字起源的趣谈。这恐怕是绝大多数人都很容易进入的话题。

4. 听清楚对方的名字。

当第一次互相介绍或别人向你介绍时，注意听并要确定清楚那名字的发音，例如：林和凌、李和吕、黄和王、陈和曾等，如果听不清楚，可以再问对方一次。例如：是双木林吗？是木子李吗？是耳东陈吗？如果记不清楚可能会产生一些尴尬，但再问一次别人的名字并不是失礼的行为。也许对方会以为你对他的名字或他本人有兴趣而感到高兴。

5. 联系脸孔和名字。

从对方的脸上或身上找出一些特征，把这特征与名字进行联系。例如有一个脸上有胎记的人，名字叫刘娇，你可以想象那人的胎记像"牛角"，与刘娇发音相似，这样很容易就把名字记下来。你所联想的故事越荒谬，就越容易记住。

6. 把名字变得幽默生动。

如果名字和你认识的某些人或名人的名字相似，可以联系在一起记忆。例如：柳德华与刘德华、黎平与黎明等。如果是没有特别意义的名字，可以用谐音代替原来的名字或观察名字的记忆规律。例如：林泽旭－林则徐、严婉庄－装碗盐等。

7. 交换卡片做记录。

在第一次见面的时候尽量跟对方交换卡片，把对方脸上或身上的特点写在对方的名片上，以便日后忘记时可以复习。无论你用什么方法去尝试记住对方的名字，你所付出的努力和注意力会令你记得更好。当你在街上碰到你的新朋友时，喊出他的名字并欣赏他脸上惊喜的表情吧。

8. 将名字与身份、职业联系起来。

每个人都有自己的身份和职业，当第一次见面的时候，一定要将身份和职业联系起来。

总之，迅速记住他人名字是一种尊重，也是一种技巧，这会使你有意想不到的收获。

第五节　拉近彼此的心理距离

每个人都有同感，就是和初次见面的人面对面谈话，真是一件不好受的事。这是因为两人的视线极易相遇，而导致两人之间的紧张感增加。一位富豪曾经谈起，如果当他不愿意借钱给对方，他就会和他面对面交谈。因为这样谈话会使对方紧张而不敢乱开口，即使借给了他也不敢不还，而相反借钱不还的，都是坐旁边位置谈话的人。

人与人之间总是有一定的距离，这不是实际的距离，而是人与人之间彼此沟通心灵的距离。心灵的距离，是人与人沟通的桥梁。勇于说出心里话，拉近人与人之间的距离吧！最重要的就是要诚信待人。心胸狭窄是弊端。要真心实意，要包容，要适当地忍让，不与他人计较得失，还有就是要有足够的自信及面带微笑，这样就会处理好的。当然最好是要幽默点，这样会比较容易融入群体之中或者个人之中去！。

那么我们如何可以迅速地拉近与陌生人彼此的距离呢？

一、制造自然接近对方身体的机会

这是某位评论家在杂志上提到的，当他在百货公司买衬衫或领带时，女店员总是会说："我替你量一下尺寸吧！"每当这时，这位评论家都会在心中喝道："嗯！这种方法真不错，我上当了。"这是因为对方要替你量尺寸时，她的身体势必会接近过来，有时还接近到只有情侣之间才可能有的极近距离，使得被接近者的心中，兴起一种类似谈恋爱的兴奋感。

每个人对自己身体四周的地方，都会有一种势力范围的感觉，而在靠近身体的势力范围内，通常只能允许亲近之人接近。相反，像这位评论家一样允许别人进入自己的身体四周，就会有种已经承认和对方有亲近关系的错觉，这一点对任何人来说都是相同的。

此外，某杂志中刊登过这么一则标题，就是“手放在你肩膀，我们已是情侣”。的确，本来一对陌生的男女，只要能把手放在对方的肩膀上，心理的距离就会一下子缩短，有时瞬间就成为情侣的关系。推销员就常用这种方法，他们经常一边谈话，一边很自然地移动位置，挨到顾客身旁。

因此，只要你想早早制造亲密关系，就应制造出自然接近对方身体的机会。

二、减少陌生距离的四大法宝

表情是决定印象好坏的最大因素。心理学认为“微笑”就是“接纳、亲切”的标志，也就是说当你微笑时，等于告诉对方“我不会害你”“我对你并没有敌意存在”。第一次见面时若没有笑容的话，会让对方感到紧张，以为你在拒绝他，难与你亲近。嘴角上扬、连眼神也在笑的表情就是一种好感的表示。当你一直微笑看着对方时，就能消除对方的警戒心。

服装打扮、穿着也同样能拉近距离，差异太大则会形成距离。服装打扮也是第一印象的决定因素，我们能在一瞬间就断定出这个人与那个人的差异，也能马上感受到谁与自己是同类，谁与自己是异类，而且从一个人的穿着打扮就大概可以知道这个人的个性如何。

姿势：微笑首先能给人安心的感觉，再加上品位也一致的话，接着就是要交谈了。能不能开口交谈，则取决于姿势。肯接受对方，自己也表现出接纳开放的态度，从见面到开始交谈的时间就会缩短。如果你以轻松的站姿，正面面向对方，感觉容易亲近。相反地，将手交握于后面或双手交叉抱于胸前，都会让人有隔阂感。如果把包包放前面拿着，面对对方，虽然双手没有交叉抱着，但还是会让人有距离感。包包最好背在肩上，才能给人留下容易亲近的第一印象。

在人际关系方面，使对方产生亲近感，也就是给予对方好印象的基本条件。而要满足这项条件，增加见面次数，可说是给对方强烈印象的最好方法了。

三、请对方帮一个小忙

请自己试一试这个方法，下次你到一个陌生的地方，把一个在经济上、社会地位上比你低的人拦住，说："我不知道你肯不肯帮助我解决一点困难，请你告诉我××处，××地方，好不好?"很多人可能觉得很难堪以至于难以启齿，而富兰克林用这个方法把一位仇敌变成了一位终身的朋友。

富兰克林青年时期，他将自己所有的储蓄都投资于印刷业。他设法使自己被推举为费城议会的秘书，这个职位给了他服务公众的同时也让公众了解他的机会。这个工作很好，他非常愿意做。但他的前途出现了危机。议会中最有权势的人非常不喜欢富兰克林，而且还在演讲中公开诋毁他。

富兰克林太聪明，不会掉进这种陷阱。所以他做了相反的事，他请他的仇人帮他一个忙。

富兰克林听说他有一本奇书，于是写了一封短信给他，表示了要阅读那本书的愿望，请求帮忙借阅几天。他立刻把书送来，大约过了一个星期，富兰克林把书送回，并附上另一封短信，非常强烈地表示了谢意。

下次富兰克林在议会厅遇见他的时候，他主动讲话，以前从未讲过，而且态度非常和气。从那以后他表示，无论什么时候他都愿意帮忙，后来他们成了朋友，他们的友谊持续到他去世。

请对方帮一个小忙竟然产生了奇迹，使得陌生人很快成为朋友，迅速拉近了彼此的距离。能否迅速拉近彼此的距离，决定了你能否增加这样一个朋友的机会，也决定了你的人际关系网络的构建效率。学会快速和陌生人拉近距离可以让我们在交往的过程中游刃有余。

四、处处替他人着想，切忌以自我为中心

要搞好与陌生人的关系,就要学会从其他的角度来考虑问题，善于作出适当的自我牺牲。要做好一项工作，经常要与别人合作，在取得成绩之后，要分享，切忌处处表现自己，将大家的成果占为己有。提供给他人机会、帮助其实现生活目标，对于处理好人际关系是至关重要的。

替他人着想还表现在当他人遭到困难、挫折时，伸出援助之手，给予帮助。良好的人际关系往往是互利的。你给别人的种种关心和帮助，当你自己遇到困难的时候也会得到回报。

五、要掌握与陌生人交谈的技巧

在与对方交谈时，要注意倾听他的讲话，并给予适当的反馈。聚神聆听代表着理解和接受，是连接心灵的桥梁。在表达自己的思想时，要讲究含蓄、幽默、简洁、生动。含蓄既表现了我们的高雅和修养，同时也起到了避免分歧、说明观点、不伤关系的作用。提意见、指出别人的错误，要注意场合，措辞要平和，以免伤人自尊心，产生反抗心理。幽默是语言的调味品，它可使交谈变得生动有趣。在与人谈话时，该说的说，不该说的不说。与人谈话时还要有自我感情的投入，这样才会以情动人。此谓之生动。当然，要掌握好表达自己的技巧，需要不断的实践，并不断地增加自己的文化素养，拓宽自己的视野。

第六节　凸显自身特色

一、木桶和反木桶原理

木桶原理我们早已耳熟能详：一个由若干木板构成的木桶，其容量取决于最短的那块木板；对一个组织而言，构成组织的各个要素类似于木桶的若干木板，而组织的能力又如木桶的容量，取决于组织中的要素。

反木桶原理就是说：木桶最长的一根木板决定了其特色与优势，在一个小范围内成为制高点；对组织而言，凭借其鲜明的特色，就能跳出大集团的游戏规则，独树一帜，建立自己的王国。

在这个时代，特色就是旗帜，突出才能发展。与木桶原理求稳固的保守思想不同，反木桶原理是一种提倡特色突显的创新战略，要求企业能打破思维定势，一切向前看，找准自己的特殊优势，开辟一个崭新的天地。

二、从企业受启发——特色化那块最长的木板

尖锐的钉子比笨拙的榔头更容易突破重重包围，再勇猛的武将一人舞着双斧也无法抵挡千军万马的军队。所以避实就虚，扬长避短才是我们在社会上四两拨千斤的明智之举。

特色突显要求企业具有突出的优势，然后精益求精，不断加固最长的那根木板，在一个点上突破市场领导者牢牢控制的局面，进而塑造一种新的态势，最终达到某一个制高点。戴尔电脑巧妙地绕开了IBM，它根本无法与IBM相提并论，更何况还有其他厂家激烈竞争，无论你的服务做得如何到位，从小木桶

到大木桶是一段漫长的历史，更有可能的是，在这个过程中出师未捷身先死，还没有站稳脚跟就被大木桶撞得粉身碎骨。戴尔创造性地开辟了电脑销售的新模式，为自己找到了安身立命之点，这就是它最长的那根木板。在此基础上，其他木板也顺势而上，不断地向深处发展，虽然它的底盘没有 IBM 大，但是经过其坚持不懈的努力，高度远远超过了 IBM 的木桶，所以整个容积也不容小觑。这就是突显的力量。

我们大多数人肯定都知道自己的弱点是什么，但是不见得了解自己的长处所在。如果你说我唱歌很好听，舞跳得很好，这就是自身的长处，这种理解就太片面了。这只能叫作我们自身的特长。在你生存的集体中还有很多人都会唱歌跳舞，也许比你跳得还要好看。我说的长处是你自己特有的，别人所无法效仿的。

发现自己的长处，唯一的方法就是利用回馈分析法。这个方法是：每当做出重大决策或采取重要行动时，事先写下你所预期的结果。9 到 12 个月之后，再以实际成果与当初的预期相互比较。我自己运用这个方法，至今近 20 年，每次都有意外的收获。

这个简单的方法可以在相当短（大约 2 到 3 年）的时间内，显示出长处何在，这可能是认识自己最重要的一点。也能显示出由于你所做，或未做的哪些事情，使你的长处无法充分发挥。它会显示出哪些地方你并不特别高明，或哪些地方毫无希望。

运用回馈分析法之后，接下来应该：

1. 专注于你的长处。做你所擅长的工作，让长处得以发挥。

2. 加强你的长处。

回馈分析法会指出，你在哪一方面需要改进技巧，或需要吸收新知，也会显示你在哪一方面的知识已经落伍了。我们可以借此了解该吸收哪一方面的知识或哪一方面的技能，以免被时代淘汰。

3. 找出任何由于知识上的傲慢而造成的严重无知，然后设法克服。许多学有专精的人，往往对其他领域的知识嗤之以鼻。

例如，第一流的工程师常以人际关系的门外汉自居，并且沾沾自喜。相对地，人力资源工作者则经常以不懂基础会计学或计算方法而自傲。事实上，为了充分发挥长处，你应该设法去获得各种必要的能力与知识。

另一个重点是，改正不良习惯：任何会妨碍绩效表现的习惯。这种习惯也可以通过回馈分析法来发现。

例如，企划人员的伟大企划案所以会失败，是由于没有落实执行。许多绝顶聪明的人都以为，光靠想法就能移山填海。事实上，移山要靠推土机，而想法要用来指导推土机工作。许多企划人员以为，企划完成就表示工作大功告成，事实上，这只是“工作”的起点。他必须去找别人来实行，向别人说明计划，还要视情况做调整，最后再决定计划何时该告一段落。

这种将预期与结果相互比较的做法，还有另一个好处，就是显示出哪些是你不该做的事。在许多领域，我们往往缺乏天分，毫无才干或能力，就连勉强做到“马马虎虎”都不容易，所以应该避免这些领域的工作与任务。

对于无能为力的领域，就不必再徒耗心力，试图改进。毕竟，从“毫无能力”进步到“马马虎虎”所需耗费的精力，远比从“一流表现”进步到“卓越境界”所需的功夫更多。然而大多数人，包括老师，以及组织并不了解这一点，他们总是费尽心力，想让一个“毫无能力”的人变得“马马虎虎”。事实上这些资源、时间，应该用来让一个“表现一流”的人进步到“登峰造极”。一个人的精力一定要用在自己所擅长的方面。

什么是自己最重要的价值？要把自己的价值最大化，贡献最大化，就要找到自己最重要的才能，就是我最擅长什么？我在公司的最大价值在哪里？我可能对世界最大的贡献是什么？什么是自己的最大价值？自己能给别人利用的是什么？公司花钱请你来干什么？什么是我们撬动地球的支点？

我们虽然在探讨反木桶原理，可毕竟人既不是木桶，也不是链条，所以彼得·杜拉克指出：“精力、金钱和时间，应该用于使一个优秀的人变成一个卓越的明星，而不是用于使无能的做事者变成普通的做事者。”在一个人的才能上也一样，应该把精力用在刀刃上，发挥最优胜的特长。我们应该把自己的80%时间用在优势、核心项目上，不要老想着自己的劣势。刘备的优势在于收买人心、经营人脉，他就发挥他的优势，找诸葛亮来策划、营销，找关羽、张飞来做推广。

1972年，新加坡旅游局给总理李光耀的一份报告上说，新加坡不像埃及有金字塔；不像中国有长城；不像日本有富士山；不像夏威夷有十几米高的海浪。我们除了一年四季直射的阳光，什么名胜古迹都没有。要发展旅游事业，实在是巧妇难为无米之炊。

李光耀批了这一行字：你想让上帝给我们多少东西？

阳光，阳光就够了！

后来，新加坡利用灿烂的阳光，种花植草，在很短的时间内，成为世界上著名的花园城市、旅游胜地。

你也一样，不需要有很多才能，一项才能就可以赚到一辈子也花不完的钱。找到你不可替代的能力！上天或者给你一本书，给你一个缺点，给你一个后妈，给你一个敌人，给你一个药方，给你一个故事，给你一个汉堡包……仅仅优秀是不够的，要卓越！给一个枕头，我们就要开始做梦；给点阳光就灿烂，给点洪水就泛滥……

我们在人际交往中，也要使得自己的某个点成为自己出彩的地方，成为自己的核心竞争力，让自己那块最长的木板成为自己最耀眼的特色。

三、特色突显的低成本性

特色突显不需要一个人很大的精力去支持。能力的大小决定了木桶底盘的大小，于是这就成了一个常数，真正重要的是变量，也就是木桶的高度，所以如何让木板越来越长才是问题的关键。

有谁能想到每天习以为常的木梳能成就一个公司？四川谭木匠工艺品有限

公司就把梳子做成了文化，做成了全国知名的品牌，生产值达到几千万；上海的巴比馒头把点心做成了品牌；康师傅让小小的方便面走遍全球；义乌的小商品在默默无闻中走出国门……这些毫不起眼的隐形冠军都是白手起家，他们愈战愈勇，势如破竹，带动所有木板一起成长，最终成为一个领域的发言人，建立了自己的品牌。

扬长避短，我们应该更多地思考如何尽可能地发挥自己的长处，增强自己的核心竞争力，利用自己已有的资源，这样的思路往往可以使我们成功的成本降低，代价也最小，达到与陌生人交往的最快途径。

四、特色突显的集中性

一个人一定要保持冷静的头脑，紧紧盯住最长的木板，将所有的资源都倾注在这块木板上，保证这块木板在所有木桶中最长的地位。

专业只有专注了，才有事业的成功。浙江沿海地区有一大批低调的小企业，他们厂房简陋，产品简单，但是，往往不经意的一个小公司却是其产品领域的带头大哥。在这藏龙卧虎之地，他们专心修炼自己的独门秘籍，无论是纽扣、打火机，还是指甲钳，只要认准了就一头扎下去，海豚潜得越深则跳得越高。

外面的世界很精彩，关注发展趋势是必修课，但是千万不能被光怪陆离的表象迷了眼。坚持自己的优势，就算握在手中的是芝麻，也不要贪图别人的西瓜，因为你擅长种芝麻，所以必定会有芝麻开花节节高的那一天。

一个人绝不能妄自菲薄，更不可盲目陷入崇拜巨人症。始终抓住自己的优势，把目光聚焦于最长的木板，做最高的那只木桶，最终可以迎来属于自己的成功。

五、从管理者角度看待自我优势

有效的管理者对于工作本身，也同样需要从长远出发，使自己的长处充分发挥。

在政府、医院或企业机构，许多管理者能了解他们能做什么不能做什么。他们抱怨说：老板不同意他们做什么，公司政策不让他们做什么。因此，他们的时间和才干，都在无限压制中浪费了。

当然，有效的管理者肯定关心自己所面临的局限，但他们也应该了解自己能做的和该做的事还很多。尽管有人觉得委屈，但有效的管理却能让人勇往直前。

在美国某民营铁路公司中，高层们都知道政府的限制很多，几乎不准许公司做任何计划。但当一位主管财务的新任副总裁到任之后，由于没有顾虑到政府的限制，所以不久就直趋华盛顿，拜访州际商业委员会，提出他的构想中的几项方案，要求核准。委员会告诉他说："你提出的方案，某几项与我们无关，至于其他方案，你回去试行一下，如果可行，我们自会支持你。"

这样看来，所谓"别人不让我干"，恐怕是惰性和没有勇气的借口吧。就算是客观条件真有限制（事实上任何人做任何事情都有限制），也仍然可以做出许多有意义的工作来。有效的管理者会发掘机会。

进一步说，发挥自己的长处对于自己的能力和习惯，也同样有重要的意义。

我们从小到大，总知道自己在上午还是晚上最有精神。我们一定知道，当自己模拟一份文稿时，是习惯性地预先写好草稿才来修改，还是习惯于一字一句推敲后完成全文。我们一定要知道，向大众发表演说时，是先准备好全文讲稿呢，还是只需准备一份纲要，或是根本无须准备便能讲得头头是道。我们也同样知道自己是适宜参加一个工作小组，还是一个人单独做事更出色。

有人做事需要先有一个详细的计划，换言之，他们是要经过周密的通盘思考才能动手。但也有人一开始就做，最多只是先拟定几个粗枝大叶的要点。有人做事要靠人催逼，但也有人凡事都心急，没有到期就先交卷了。有人是属于读者型，也有人是听者型。自己的工作能力和习惯，自己最清楚，就像是自己习惯用左手还是用右手一样，每个人一定都心知肚明。

但是这些习惯都只是表面的，无所谓好，也无所谓坏，大都是反映一个人的个性，反映他对客观世界和对他自己的认识。不过，即使是表面的，这些工作习惯也事关有效性。而且这些习惯，大部分都可与不同种类的工作相适应。有效的管理者都会了解自己的习惯，再配合自己的习惯行动。

重要的是，聪明的管理者会顺应自己的个性特点，不会勉强自己。他注重的是自己的绩效，自己的成果，所以他会寻找能发展自己的工作方法。他会思索：“哪一类工作别人做起来要费九牛二虎之力，而我做起来却是轻而易举?”举例来说，有人能够很快写出一份报告书，有人却觉得难之又难。有人觉得起草报告很容易，但分析报告，并针对报告来做决策却十分困难。换言之，这样的人更适合担任幕僚，因为幕僚只需要把材料综合起来，把问题罗列出来，他不适合担任决策者。

有人适宜单独行动，从头到尾一手包办。也有人擅长谈判，特别是进行情绪激烈的谈判，例如劳资合约之类的谈判。在这方面，往往需要预测劳方的对策，有人料事如神，有人却常常判断错误。

在讨论一个人的长处和短处时，人们很少考虑到上述这些情况。他们想到的通常只是针对一门学问的知识，或一种艺术才能。但是，人的性情却往往是决定事情成败的关键。成年人一般都能了解自己的性情。我们要求做事有效，就要以了解自己能做些什么为前提，然后用最适合自己的方式做下去。

在此所讨论的如何用人之长，不仅是个态度问题，而且还是一个敢不敢去实践的问题。用人之长，可以在实践中获得进步。我们只要注意认识我们的员工，观察我们的领导，多问“此人能做什么”，而不必问“此人不能做什么”，最后我们肯定能养成重视人之所长及善用人之所长的态度。久而久之，我们也能以同样的问题来问自己。

在一个组织中，有效性的每一面，都是“集会的开发，问题的消失”。尤其是对人，这一点特别重要。聪明的管理者，把每一个人都视为可以开发的资源，包括他本人在内。

而且，聪明的管理者也知道，任何一个团体，其行事标准都取决于领导。所以，聪明的管理者会把自己的表率作用建立在充分发挥所长上。

领导和普通员工之间总有一段差距。领导的绩效高了，普通员工也竞相争高。聪明的管理者一定明白这个道理：提高领导的水平容易，但提高全体人员的水平很难。所以，他一定要找出有优势的，做出过突出贡献的，并能起带头作用的人才，把他们安置到能“制定标准”并能创造成绩的位置上。这就要求管理者能重视人的长处，而不介意其缺点。当然，如果缺点阻碍了其长处的发挥，则另当别论。

总而言之，管理者的任务不是去改变人。管理者的任务，在于运用每一个人的才干，让个人的智慧、健康以及灵感得到充分发挥，从而使组织的整体效益倍增。

第六章

社交中最容易被忽视的七个技巧

第一节　冷热水效应——抓住别人心里的那杆秤

一杯温水，保持温度不变，另有一杯冷水，一杯热水。当先将手放到冷水中，再放到温水中，会感到温水热；当先将手放到热水中，再放到温水中，会感到温水凉。同一杯温水，出现了两种不同的感觉，这就是冷热水效应。

这种现象的出现，是因为人人心里都有一杆秤，只不过是秤砣并不一样，也不固定。随着心理的变化，秤砣也在变化。当秤砣变小时，它所称出的物体重量就大；当秤砣变大时，它所称出的物体重量就小。人们对事物的感知，就是受这秤砣的影响。人际交往中，要善于运用这种冷热水效应。

一、冷热水效应——得到对方的好评

人难免有事业上滑坡的时候，难免有不小心伤害他人的时候，难免有需要对他人进行批评指责的时候。在这些时候，假若处理不当，就会降低自己在他人心目中的形象。如果巧妙运用冷热水效应，不但不会降低自己的形象，反而会获得他人的好评。

当事业上滑坡的时候，不妨预先把最糟糕的事态委婉地告诉别人，以后即使失败也可立于不败之地；当不小心伤害他人的时候，道歉不妨超过应有的限度，这样不但可以显示出你的诚意，而且会收到化干戈为玉帛的效果；当要说令人不快的话语时，不妨事先声明，这样就不会引起他人的反感，使他人体会到你的良苦用心。这些运用冷热水效应的举动，实质上就是先通过一两处“伏笔”，使对方心中的“秤砣”变小，如此一来，它“称出的物体重量”也就大了。

某汽车销售公司的老李，每月都能卖出30辆以上汽车，深得公司经理的赏识。由于种种原因，老李预计到这个月只能卖出10辆车。深懂人性奥妙的老李对经理说："由于银根紧缩，市场萧条，我估计这个月顶多能卖出5辆车。"经理点了点头，对他的看法表示赞成。没想到一个月过后，老李竟然卖了12辆汽车，公司经理对他大大夸奖一番。假若老李说本月可以卖15辆或者事先不说，结果只卖12辆，公司经理会怎么认为呢？他会强烈地感受到老李失败了，不但不会夸奖，反而会指责老李。

在这个事例中，老李把最糟糕情况——顶多卖5辆车，报告给经理，使得经理心中的"秤砣"变小，因此当月绩出来以后，对老李的评价不但不会降低，反而提高了。

当一个人不能直接端给他人一盆"热水"时，不妨先端给他人一盆"冷水"，再端给他人一盆"温水"，这样的话，这人的这盆"温水"同样会获得他人的好评。

二、运用冷热水效应去促使对方同意

鲁迅说："如果有人提议在房子墙壁上开个窗口，势必会遭到众人的反对，窗口肯定开不成。可是如果提议把房顶扒掉，众人则会相应退让，同意开个窗口。"鲁迅的精辟论述，谈的就是运用冷热水效应去促使对方同意。当提议"把房顶扒掉"时，对方心中的"秤砣"就变小了，对于"墙壁上开个窗口"这个劝说目标，就会欣然答应了。冷热水效应可以用来劝说他人，如果你想让对方接受"一盆温水"，为了不使他拒绝，不妨先让他试试"冷水"的滋味，再将"温水"端上，如此他就会欣然接受了。

某化妆品销售公司的严经理，因工作上的需要，打算让家居市区的推销员小王去近郊区的分公司工作。在找小王谈话时，严经理说："公司研究，决定让你担任新的重要工作。有两个地方，你任选一个。一个是在远郊区的分公司，一个是在近郊区的分公司。"小王虽然不愿离开已经十分熟悉的市区，但也只好在远郊区和近郊区当中选择一个稍好点的——近郊区。而小王的选择，恰恰与公司的安排不谋而合。而且，严经理并没有多费多少唇舌，小王也认为选择了一个比较理想的工作岗位，双方满意，问题解决。

在这个事例中，“远郊区”的出现，缩小了小王心中的“秤砣”，从而使小王欣然地接受去近郊区工作。严经理的这种做法，虽然给人一种玩弄权术的感觉，但如果是从大局考虑，并且对小王本人负责，这种做法也是值得提倡的。

老陈、老时是一家大型化工厂的谈判高手，这对黄金搭档一出马，几乎没有谈不成的业务，他们深得公司员工的尊重和信赖。原来，他两人十分擅长运用冷热水效应去说服对方。一般的，老陈总是提出苛刻要求，令对方惊惶失措，灰心丧气，一筹莫展，也就是在心理上先把对方压倒。当对方感到“山穷水复疑无路”时，老时就出场了，他提出了一个折中的方案，当然这个方案也就是他们谈判的目标方案。面对这个“柳暗花明又一村”，对方愉快地签订了合同。

在这种阵势面前，即使该方案中有一些不利于对方的条件，对方也会认为折中方案非常好，从而接受。这的确是一种奇妙的谈判技巧，预设的苛刻条件大大缩小了对方心中的“秤砣”，使得对方毫不犹豫地同意那个折中的方案。这种谈判技巧，在经商洽谈中可以发挥巨大作用。

人们在判断事物时，无意中要进行相互比较。有时为了让某人接受某事（温水），不妨用另一件更困难的事（冷水）作反衬，出于趋利避害、两难当中取其易的本能，他会痛快地接受想让他接受的事（温水）。

三、运用冷热水效应去激起对方高兴

一位哲人看见一位生活贫困的朋友整天愁肠百转，一脸苦相，他就想出了一个办法想让他快乐起来。他对这位朋友说：“你愿意不愿意离开你的妻子？愿意不愿意丢弃你的孩子？愿意不愿意拆掉你的破房？”朋友一一答“不”。

哲人说："对啊！你应该庆幸你有一位默契的伴侣，有一个可爱的后代，还有一间温暖的旧屋，你应该为此高兴啊！"于是，这位朋友的愁苦脱离了眉梢，忧郁离开了额头。在这个寓言式故事里，哲人运用冷热水效应，缩小了朋友心中的"秤砣"，从而使他对自己的拮据生活感到快乐。一个人快乐不快乐，通常不是由客观的优劣决定的，而是由自己的心态和情绪等决定的。运用冷热水效应，可以使一个人从困难、挫折、不幸中挖掘出新的快乐。

一次，一架民航客机即将着陆时，机上乘客忽然被通知，由于机场拥挤，无法降落，预计到达时间要推迟1个小时。顿时，机舱里一片抱怨之声，乘客们在这难熬的时间中等待着。几分钟后，乘务员宣布，再过30分钟，飞机就会安全降落，乘客们如释重负地松了口气。又过了5分钟，广播里说，现在飞机就要降落了。虽然晚了十几分钟，乘客们却喜出望外，纷纷拍手相庆。

在这个事例中，机组人员无意之中运用了冷热水效应，首先使乘客心中的"秤砣"变小，在飞机降落后，对晚点这个事实，乘客们不但不厌烦，反而异常兴奋了。

假若首先让对方尝尝"冷水"的滋味，就会使他心中的"秤砣"得以缩小，因此他会对获得的"温水"感到高兴。人际交往中，如果让对方在关键时刻或平常日子里高高兴兴，还有什么事办不成，还有什么样的硬仗打不赢呢？

综上所述，冷热水效应在人际交往中，通过使他人心中的"秤砣"变小，发挥着三大作用，但如果使对方心中的"秤砣"变大，就会出现三大负作用了。人与人交往，应力避这些负作用的出现。最后说一句，一个人只有保持心中的"秤砣"合情合理，前后一致，才能正确地评价自身和外在的事物。

第二节　赞美效应——不要吝啬你的漂亮话

一、重视赞美

相信不少人在生活中都有这样的体会：最让你有好感的人或最好的朋友通常都是那些平常赞美你的人。他们聚精会神，目不转睛地盯着你，聆听你讲话，情绪随你讲话的内容忽喜忽忧，并会不时地赞美你的优点和成绩，让你发现自己的闪光点，让你充满自信；他们和你分享你的每一次成功抑或微不足道的进步，他们的赞美从此给你带来无尽的信心和勇气；他们赞美你得体的着装打扮，让你一整天都拥有美丽的心情……

原因很简单，这些人赞美你，就是注意你，就是对你的尊重，对你的欣赏与肯定。由衷地赞美，是人生中最令对方温暖却最不令自己破费的礼物，它的价值也是难以估计的。

当你用心观察到对方的优点，并且发自真心地表达赞美，与陌生人友善的关系便在一言一语中逐渐建立、积累。赞美不是虚伪的奉承，不是夸大其词的吹捧，赞美也不是一味地宽容；赞美是真诚的鼓励，赞美是对别人的鞭策。一句普普通通的、真诚的赞美有时可以改变一个人的一生，可以激励一个人的一生，可以使他成就一番事业；一句不经意的讽刺、挖苦之言，有时会毁掉一个人的一生。赞美，必须是真诚地发自内心的，这样才能感动人。

金庸曾经说过："世上本没有好人与坏人之分，好人也有人说他坏，坏人也有人说他好。"的确，好人有优点也有缺点，而坏人也有值得赞美的地方。人人都有值得称道的地方，只要你愿意用心，一定可以找出值得赞美的地方。

二、为什么要赞美别人

人最需要的，最难以得到，也是最渴望的东西是被尊重和承认。赞美别人，别人会感觉受到了尊重，心情会舒畅。他们感觉到自己被尊重了，自然又会感觉到，这么有眼光看得起我的人，一定也值得我尊重。也就是说，你在赞美别人的同时，你自己也获得了同等的地位。赞美别人，可以体现你的眼光和修养。不懂得赞美的人，很多是因为他们眼光不行，根本看不出值得赞美的地方。所谓拍马屁拍到马腿上就是这个意思。

为什么要赞美别人呢?

1. 任何事都有两个方面，你看到的只是事物的一个方面，这是不全面的。因此，事情不会得到合理的处理。

2. 希望得到别人对自己优点和长处的肯定是人的一种本能的需要。当你及时地赞美和肯定别人的优点和长处时，对方就会看到自己存在的价值，就会乐意和你交往。肯定和赞美是调节人际关系的润滑剂，能使他人受到鼓励，使交往双方的关系更加融洽，反之会影响交往。

3. 交往是双方面的，恰当地赞美对方的长处，获得的也将是别人对你的适时肯定和赞美，这就是一种鼓励。

4. 有些人总习惯以挑剔的眼光看人看事，这必须要加以克服。凡事多从积极处入手。

5. 赞美而不过分，公正而不刻薄，是人际交往中重要的艺术，要在实践中多练习。掌握适宜的赞美方法。有时一个简单的感叹，一个赞许的微笑，一个点头的挥手都能表达真挚的赞美之情。关键是要有这种意识，善意地去对待生活，对待人和事。

三、如何赞美陌生人

赞美别人，仿佛用一支火把照亮别人的生活，也照亮自己的心田，有助于发扬被赞美者的美德和推动彼此友谊健康地发展，还可以消除人际间的不和谐和怨恨。赞美是一件好事，但绝不是一件易事。赞美别人尤其是陌生人时，如不审时度势，不掌握一定的赞美技巧，即使你是真诚的，也会使好事变为坏事。我们一定要掌握以下技巧：

1. **因人而异**。

人的素质有高低之分，年龄有长幼之别，因人而异，突出个性，有特点的赞美比一般的赞美更能收到好的效果。老年人总希望别人不忘记他“想当年”的业绩与雄风，同其交谈时，可多称赞他引以为自豪的过去；对年轻人不妨语气稍为夸张地赞扬他的创造才能和开拓精神，并举出几点实例证明他的确能够前程似锦；对于经商的人，可称赞他头脑灵活，生财有道；对于有地位的干部，可称赞他为国为民，廉洁清正；对于知识分子，可称赞他知识渊博、宁静淡泊……当然这一切要依据事实，切不可虚夸。

2. **情真意切**。

虽然人都喜欢听赞美的话，但并非任何赞美都能使对方高兴。能引起对方好感的只能是那些基于事实、发自内心的赞美。相反，你若无凭无据、虚情假意地赞美别人，他不仅会感到莫名其妙，更会觉得你油嘴滑舌、诡诈虚伪。例如，当你见到一位其貌不扬的小姐，却偏要对她说：“你真是美极了。”对方立刻就会认定你所说的是虚伪之至的违心之言。但如果你着眼于她的服饰、谈吐、举止，发现她这些方面的出众之处并真诚地赞美，她一定会高兴地接受。

真诚的赞美不但会使被赞美者产生心理上的愉悦，还可以使你经常发现别人的优点，从而使自己对人生持有乐观的态度。

3. **翔实具体**。

在日常生活中，人们有非常显著成绩的时候并不多见。因此，交往中应从具体的事件入手，善于发现别人哪怕是最微小的长处，并不失时机地予以赞美。赞美用语愈翔实具体，说明你对对方愈了解，对他的长处和成绩愈看重。让对方感到你的真挚、亲切和可信，你们之间的人际距离就会越来越近。如果你只是含糊其辞地赞美对方，说一些“你工作得非常出色”或者“你是一位卓越的领导”等空泛飘浮的话语，不但会引起对方的猜度，甚至会产生不必要的误解和信任危机。赞美具体化是所有赞美的基础，要同其他赞美结合使用，才能显其功力的强大。空泛化的赞美，给人不真诚、虚幻、生硬的感觉。

此外，赞美并不一定总用一些固定的词语，见人便说“好……”有时，投以赞许的目光、做一个夸奖的手势、送一个友好的微笑也能收到意想不到的效果。

4. **合乎时宜**。

赞美的效果在于见机行事、适可而止，真正做到“美酒饮到微醉后，好花看到半开时”。当别人计划做一件有意义的事时，开头的赞扬能激励他下决心做出成绩，中间的赞扬有益于对方再接再厉，结尾的赞扬则可以肯定成绩，指出进一步的努力方向，从而达到“赞扬一个，激励一批”的效果。

5. **雪中送炭**。

俗话说：“患难见真情。”最需要赞美的不是那些早已功成名就的人，而是那些因被埋没而产生自卑感或身处逆境的人。他们平时很难听到一声赞美的话语，一旦被人当众真诚地赞美，便有可能振作精神，大展宏图。因此，最有实效的赞美不是“锦上添花”，而是“雪中送炭”。

赞美别人，自己也美。古今中外，赞美别人、欣赏别人、尊重别人和诚恳待人的人，无一不获得人们美的评价。赞美别人的人，都拥有健康乐观的心态，拥有一颗宽宏大量和充满爱意的心。他们之所以能赞美别人，是因为他们真真切切地体会到了上帝赋予人类美的真正含义。他们诚恳待人，善解人意。当别人陷入困境，心情沮丧，需要帮助时，他们便会伸出温暖而真诚的友谊之手；当别人因一时闪失与疏忽做错事时，他们会设身处地为他人着想，这样的人，你一定会非常感激，甚至认为他们是最具有内涵和气质美的人。

6. **从否定到肯定的评价**。

这种用法一般是这样的，“我很少佩服别人，你是个例外”，“我一生只佩服两个人，一个是×××，一个是你”（同老总讲话，那么这个人换成行业内的知名人士；如同部门领导讲话，这人换成老总，如此类推）。

7. **主动同别人打招呼。**

打招呼背后的含义是我眼中有你，越是高层的人越是喜欢和人打招呼，这一点在生活中是很明显的。中不溜的才不屑于同别人打招呼，特别是同门卫、清洁工及员工打招呼。

8. **适度指出别人的变化。**

这种意义是你在我心目中很重要，我很在乎你的变化，反之就是我瞧不上你，我不在乎你，这是很糟糕的。如穿了一件新衣服，就夸吧，合身的就夸漂亮，不合身的就夸有特色。单位的同事、生意的伙伴都是要夸的对象。如果是第二次去客户那里，一定要注意客户的变化，并给予恰当的赞美。

9. **与自己作对比。**

通常情况下，一般人是不会贬低自己的，如果你一旦降低自己同他作比较，那么就会显得格外真诚。这一招特别适合于领导使用，会给属下一种莫大的鼓舞。

在实际生活中最典型的例子，就是我们买菜时，如果卖菜者，一个劲地从盘子里往下取菜，即使秤杆再高，那么我们也不会高兴；但如果是他加一个，再称，再加一个，即使秤杆没有实际取的高，那么我们也会高兴，这是心理的普遍定律。

小小的赞美可以推动世界，轻轻的掌声足以温暖人生，每个人都喜欢听好话，每个人都渴望看到别人赞许的目光，渴望得到别人赞美的话语。这是每个人都会有的渴望。换位思考一下，别人也同样渴望得到我们的赞美。所以，学会赞美别人往往会成为你处世的法宝。

让我们从现在开始，学会赞美别人吧！把赞美当成一种习惯，不论对象是哪种陌生人，都值得我们给予由衷的赞美。

第三节　紫格尼克效应——你就是未画完的圆

一、什么是紫格尼克效应

你不妨试一下：一笔画个圆圈，在交接处留出一小段空白。回头再瞧一下这个圆吧，此刻你脑子里必定会闪现出要填补这段空白弧形的意念。因为你总有一种未完成感，竭力寻求终结，以获得心理上的满足。

有一位叫布鲁玛·紫格尼克的心理学家，她给 128 个孩子布置了一系列作业，她让孩子们完成一部分作业，另一部分则令其中途停顿。一小时后测试结束。110 个孩子对中途停顿的作业记忆犹新。紫格尼克的结论是：人们会忘记已完成的工作，因为“完成欲”已经得到满足，而对未完成的工作则在脑海里萦绕不已。这就是所谓的“紫格尼克效应”。

“紫格尼克效应”的心理机制是什么呢？被誉为现代社会心理学之父的德国心理学家勒温认为，人类有一种自然倾向去完成一种行为，如去解答一个谜语，学习一本书等，这就叫“心理张力”。研究还指出，任何人都企图满足自己的需要，完成动作。其中既有先天的需要（饥、渴等），也有半需要（迫切的趋向）。在勒温看来，个人能动性的源泉是多元的。被唤起但未得到满足的心理需要产生了一个张力，决定着个人行为的倾向、心理的基调和特点。勒温认为，没有完成的任务使得没有解决的张力系统永远存在，当任务完成之后，与之并存的张力系统也将随之消失。由此可见，一个人的“心理张力”系统，是产生“紫格尼克效应”的心理机制。

缺乏“完成欲”，没有那种由“心理张力”产生的“紫格尼克效应”，一个人就会表现出马虎、懒惰的不良特征。

二、紫格尼克功效

这种由“心理张力”产生的“紫格尼克效应”，在个体社会化中发挥着重要功效。英国心理学家斯温森提出了品德形成“张力论”这一理论。她认为，个体社会化过程中的道德品质的形成是在自我与社会之间一种不可避免的张力中发展起来的。这种发展可以粗略地划分为三个阶段：

1.“我——你”间的张力阶段（婴幼儿期）。

在这一社会化发展阶段，儿童处于一种个人需要与成人接受这种需要的关系中，儿童必须迎合成人的意见，才能使这种关系得到和谐的发展。因此这一阶段心理发展的特点（或社会化的结果）是：小心谨慎、听话、服从权威。

2.“自我——社会”间的张力阶段（童年期）。

从这一阶段起就比较明显地看到社会化对个人品德形成的影响，在这一阶段儿童个人的需要必须与同辈伙伴的道德要求相一致。这是社会约束并影响儿童品德发展的新力量。这种力量使个体道德控制发生了质的变化。

3.“自我——社会张力内化”阶段（青年期）。

在这一阶段，个体社会化过程的特点明显地表现出他已经不再是一种迎合外界要求的过程，而主要是个人适应的过程。个体已经从原来消极地接受外部压力转换成由内部控制自己行为的过程。到了这个阶段，个体社会化过程就已经基本完成。

缺乏“完成欲”，没有那种由“心理张力”产生的“紫格尼克效应”，一个人就会表现出马虎、懒惰的不良特征。无疑，这种特性是人生征途中的“有害气体”，一个人倘若置身其中，犹如煤气中毒，会不知不觉地懒惰、马虎起来，结果什么事都干不成，什么任务也完成不了，于是就没有多少长进可言了。

事实表明，马虎、懒惰像生锈一样，比操劳更能消耗体力，它不是一个现代年轻人应有的品性。现代青年要排除马虎、懒惰、“三日坊主”这种“有害气体”，就得有意识地提高意志力，培养“完成欲”，重视“紫格尼克效应”。根据心理学家的建议，这可从小事着手，例如除草浇花、整理抽屉、读完一本书等等，强迫自己完成规定的角色任务，达到既定目标，久而久之，就会产生“完成欲”，获得“紫格尼克效应”。

三、如何运用紫格尼克效应，使自己坚持下去

1. 把你这一天要做的事情写下来，最好是前一天晚上就写下来，注意分出轻重缓急。

2. 随身带一些你喜欢吃的小零食，当一件事按照计划完成，并且做得很不错时，就奖励自己一下吧。但也不要忘记惩罚，心理学中用来治疗强迫症的方法我觉得你不妨一试，就是在手腕上套一个橡皮筋，当你忘了做某件事时，就用力拉下橡皮筋，作为对自己的惩罚。

3. 每天做一下总结，看今天一共接受了几次奖励和惩罚，并做下记录。过段时间你就会发现自己容易在哪些方面粗心大意了，这样对症下药，以后就会密切注意容易忘记的事情。慢慢地你会发现接受的奖励越来越多，惩罚越来越少，毛病自然就好了。

4. 遇到事情，我们要先分析：我们的目标是什么，做这件事情有哪些方法，哪种方法最好，需要注意哪几个方面。

5. 统筹规划，把要做的事情一一罗列。最好拿出笔和纸，或者直接在电脑里，把我们要做的事情一件件记下来；然后分清主次，哪些先做，哪些后做，这样我们在执行的时候就会有规矩可循。就像上学的时候写作文，先列出行文提纲，再动笔写。形成有条理的工作习惯，自然而然工作效率就会提高。

6. 一件事情做完了，要有总结，这很重要。很多人事情做完了就不管它了，在做事的过程中遇到什么问题，犯了什么错误，也不想一下，以至于下次做同样的事情时错误照犯。其实，总结不需要花多少时间和精力，关键是要养

成习惯。通过总结，我们吸取经验和教训，以后再遇到类似事情的时候，处理起来就容易多了。

有些事并不是我们不会做，而是我们不想做，只要我们肯多付出一份心力和时间，就会发现自己实在有许多未曾使用的潜在本领。一件事开始之后，是否能够有始有终，是否有毅力和恒心，这是关系成败的大事。许多事往往在一开始时，凭一股冲劲做了一阵，然后就渐渐觉得厌倦。做任何工作难免遭遇困难和外力的干扰，这时，不但兴趣消失，信心也没有了。如果是这样做的人，只能中途停止前进，逐渐走向失败。而只有那些克服中途障碍、做事有始有终的人，才是成功的人。

第四节　移情效应——换位思考的力量

一、换位思考——理解的崇高境界

换位思考的实质，就是设身处地为他人着想，即想人所想，理解至上。人与人之间少不了谅解，谅解是理解的一个方面，也是一种宽容。我们都有被“冒犯”“误解”的时候，如果对此耿耿于怀，心中就会有解不开的“疙瘩”；如果我们能深切体察对方的内心世界，或许能达成谅解。一般说来，只要不涉及原则性问题，都是可以谅解的。谅解是一种爱护，一种体贴，一种宽容，一种理解。

所处环境不同、背景不同、角度不同的人，很难了解对方的感受，要学会换位思考。对别人的失意、挫折、痛苦，不应该是埋怨、责怪，更不应该幸灾乐祸，而应具有理解、同情和宽容的心，并且给予别人更多的关怀、安慰和帮助。

换位思考是人对人的一种心理体验过程。将心比心，设身处地为他人着想，是达成理解不可缺少的心理机制。客观上它要求我们将自己的内心世界，如情感体验、思维方式等与对方联系起来，站在对方的立场上体验和思考问题，从而与对方在情感上得到沟通，为增进理解奠定基础。它既是一种理解，也是一种关爱。

人与人之间要互相理解、信任，并且要学会换位思考，这是人与人之间交往的基础——互相宽容、理解，多站在别人的角度上思考。

二、如何才能有效地换位思考

首先，要知道这个世界上每个人是不一样的，对同一件事情有不同的看法是很正常的事情。即使是最相爱的人也不可能意见完全一致，更何况我们面对的是与我们生活轨迹迥异的陌生人。

其次，要有同情之心和宽容的心态。这个世界无论科技如何进步，物质条件如何提高，都改变不了一个事实："做人不易"。高官不易，富豪不易，老师不易，学生不易，老板不易，员工也不易。既然大家都不易，那我们就不应当对别人的失意、挫折、伤痛感到幸灾乐祸，而应要有关怀、理解之心。对陌生人更要有宽容的心！

第三，换位思考不是带着你的脑子换到对方的位置上。换位思考只是一种与陌生人人际交流和沟通中的一种重要技能，要想成为一个解决问题的高手，换位思考只是个基础。换位实际上指设身处地，要换到他的问题之中，这需要长时间的锻炼，要将自己的一切情景和经历都转化为对方的，用对方的思想和经验去判断事件和任务，这样我们就能更好地进行换位思考了。

第四，换位思考还可以让对方处在你的位置。说服对方的一种简单方法，是让对方处在你的位置。"你如果站在我的立场将会怎么做?"这种说服方法，是说服术的第一步。让对方担任你扮演的角色，从对方的谈话中，得到你所需要的东西。这种方法就相当于把自己暂交给对方处置，让对方站在自己的立场说话，再在谈话中，发掘对自己有益的话，以便以后采用。

要说服他人，就要让对方参与自己的事情，并投入关注之心，这是说服的第一条件。再从对方关心的程度，探究对方的意见，这是说服的第二条件。"假如你站在我的立场该怎么做?"这种说服方法便满足了这两个条件。这种方法也可改为一般的说法："当你遇到这种场合，你会怎么处理?"一定可以从答话中发现对方站在自己的立场发言，同时找到对自己有帮助的资料。

人生在世，不可能离群索居，也不可能总是一帆风顺。人生活在社会中，要和生活在社会中的人交往，难免会在交往的过程中发生一些矛盾和分歧。彼此相处，哪怕个个心地善良，也难免会发生磕碰和摩擦。我们应该及时调整，跳出自我中心，换位思考，彼此宽容，化解矛盾。而不是让矛盾升级，甚至因此而付出生命。

换位思考一下，你会理解别人为什么会那样做，站在他人的立场上，对别人多加宽容，多加体谅，多一份包容与理解，多一点体谅与信任，遇到问题从多种角度去思考，去认识，就多了一分和谐。学会换位思考，以平常心对待生活中的陌生人。现实的一切都要学会适应，这样你会天天快乐！

当然，换位思考，也不是让你妄自菲薄，不是让你不相信自己的能力，更不是让你瞧不起自己。恰恰相反，是让你对自己有一个正确客观的认识，这样你便会更加相信自己，从而去挑战一切，追求生命过程中的卓越和梦想，迎来一次又一次的辉煌。

第五节　谎言也是美——善意的谎言

一、善意的谎言很美丽

马克·吐温曾说过：“我们都说过谎，也都必须说谎。因此如果我们聪明的话，就应训练自己能说善意的谎言。”

善意的谎言是美丽的。当我们为了他人的幸福和希望适度地扯一些小谎的时候，谎言即变为理解、尊重和宽容，具有神奇的力量。出于美好愿望的谎言，是人生的滋养品，也是信念的源动力。它让人从心里燃起希望之火，确信世界上有爱、有信任、有感动。

善意的谎言能让人找到更多笑对生活的理由。善意的谎言，是赋予人性的灵性，体现着情感的细腻和思想的成熟，促使人坚强执着，不由自主地去努力，去争取，最后战胜脆弱，绝处逢生。

善意的谎言具有神奇的力量，鼓舞你一次一次继续努力，为了心中的梦想绝不轻言放弃。因为未来的道路完全被欢乐的心情照亮，生活因此变得更加美好。这种谎言不是欺骗更不是居心叵测，这种谎言是理解、尊重和宽容，具有神奇的力量，没有任何的不纯洁。

二、为善意的谎言正名

很多人会说，和别人尤其和一个对你一无所知的陌生人交流时，撒谎就是对他的欺骗，是不诚信的表现。

1. 善意的谎言虽然是谎言的一种，但是不能说谎言就一定有碍诚信，要具体问题具体分析。

善意的谎言在表面看来，似乎有碍诚信原则；但从本质上看，它之所以存在，是因为说出真话有碍善良的原则。善意的谎言与诚信，实际是对立统一的关系，而那种所谓的违背恰恰为诚信提供了有益的补充，并不是有碍，打个比方：规定马路上同一方向的行人只能占有半条马路，并不有碍大家的通行。

2. 没有谎言的世界如同没有灰尘的地球。

善意的谎言无碍诚信并不等于我们提倡它，其关键在于度。说谎是什么？如果不分青红皂白就定义为：不实事求是，说假话，夸大，掩盖，歪曲事实真相。那我们的生活就充满了大大小小的谎言，从煽动性极强的广告到情人间的甜言蜜语，无一不充斥着夸张的言辞，就连文学作品本身也成了谎言。

不是有这样一句话：善意的谎言是美丽的。当我们为了他人的幸福和希望适度地撒一些小谎的时候，谎言即变为理解、尊重和宽容，具有神奇的力量。

有一个学生，他对长跑并不是很感兴趣，但在一次测试中，老师告诉他，他的长跑速度比其他同学快，而且还说他有机会代表学校参加比赛。叫他好好努力。那位学生听了老师的话之后非常兴奋，因为一直认为自己没有长跑天赋的他，竟然能代表学校参加比赛。从这天起，他真正喜欢上了长跑，并且每天坚持跑步，过了一段时间后，本来完全不能代表学校参加比赛的他，竟然真的被选上了。

其实，善意的谎言根本就无碍于诚信。不要再认为善意的谎言会碍于诚信了，因为只要你心中想着是为了他人，那么善意的谎言就是珍贵的；它既不会造成信任危机，也不会玷污文明，更不会扭曲人性。善意的谎言具有神奇的力量，鼓舞你一次再一次地做着努力进步的决心，为了心中的梦想绝不轻言放弃。因为未来的道路完全被欢乐的心情照亮，生活因此变得更加美好。如果开诚布公是一种错误，我选择谎言。如果坦率无忌是一种伤害，我选择谎言。如果是为了自己或他人不再痛苦，不再忧伤，多一点谎言又有何妨？

三、善意谎言的基本原则

1. 善意的谎言可以提高交谈的情趣。你知不知道应该怎么运用善意的撒谎，才能使你获得更多陌生人的尊重？撒谎固然不好，但善意的谎言，真的是无可厚非。撒谎要看情形，说话要得体，才会成为一个充满魅力以及幽默感的人，使对方觉得你是一个富于幽默感的人。

2. 即使是谎言，只要出于一片诚心，为对方着想，对方绝对不会怪你。因此，你必须要学习这种有效的撒谎方法，以便在会话中灵活运用，使你充满魅力。

3. 原则上，撒谎应该站在关怀对方的立场上；最起码，说出来的话，不可以伤害到对方。因此，如果说出来的谎言，连自己都没有办法接受，或者使对方产生厌恶感，那就失去撒谎的意义了。

4. 善意的谎言是出于善良的动机，以维护他人利益为目的和出发点的。

众所周知，矛盾有普遍性和特殊性之分。善意的谎言本身的性质决定它并非恶意，而是建立在内心之诚、之善的基础上，而恶意的谎言是为说谎者谋取利益，以强烈的利欲、薄弱的理性，把他人作为手段，不惜伤害他人的行为。本性善良的人在某种状态下“被逼”说出的谎言是善意的，这种谎言对主体来说是一种友善，一种关心。而心术不正的人，不管如何伪装，如何花言巧语，如何绞尽脑汁为自己恶意的谎言冠上善意的高帽，其所说的谎言都带有恶意目的性。显然，善意的谎言无碍诚信。

永远说实话其实并不一定就好，因为真相有时反而会伤人。我甚至可以说，如果人人都永远讲真话，那么天下一定大乱。虽然说谎有一定的不好，可是瑕不掩瑜。

第六节　你心里有一个阀门——善于调节自己的心理

一、我们需要调节心理

现实生活中，我们在与陌生人交谈时，常会再现无意识的动作。像反复地玩手中物品，或是神经质地抖动腿部，以缓和精神紧张。这些行为，都是借由身体动作，消除精神上紧张的最好例证。

当我们在交谈中出现了负面情绪和心理时，往往有两种方式，一种是把这种坏情绪压下去，但在人的潜意识里还存在。但当多次压抑愤怒的时候，累积到一定程度，没有办法再压抑，有一天就会爆发出来，这时是巨大的爆发。

另外一种是逃避压力。在消极情绪背后其实是有积极的意义，每个人都会出现消极情绪，当我们看待这些消极情绪的时候，不能“一刀切”。当愤愤不已的情绪即将爆发时，要用意识控制自己，提醒自己应当保持理性，还可进行自我暗示：“别发火，发火会伤身体”，有涵养的人一般能做到控制。但是这种逃避法则却使得当突发事件和陌生人突然变化时，自己无法做出最佳的反应和最优的处理方案，并不利于我们处理自己与陌生人的关系。

二、如何调节自己的不良情绪

当我们在同陌生人交流中处于不良情绪状态时，这种不良情绪很有可能影响和陌生人谈话交流的效果，甚至出现负面作用，我们要学会及时调节自己的情绪和思维，常常可以用下面的方法来调节自己的情绪：

1. 意识调节法。

人的意识能够调节情绪的发生与强度，有些思想修养水平高的人往往比思想修养水平较低的人能够更有效地调节情绪。做情绪的主人，当喜则喜，当悲则悲。在遇到愤恨的事情时，一思发怒有无道理，二思发怒后有何后果，三思有其他方式替代吗？这样就可以变得冷静而使情绪稳定。一个人要努力以意识来控制情绪的变化，可以用“我应……”“我能……”加上要想办的事情来调控自己的情绪。

2. 语言调节法。

语言是一个人体验情绪的强有力的表现工具。通过语言可以引起或抑制情绪反应，即使不出声的内部语言也能起到调节作用。林则徐在墙上挂有“制怒”二字的条幅，这是用语言来控制调节情绪的好办法。

3. 注意转移法。

把注意力从自己消极的情绪上转移到另外的事情上。人们在苦闷、烦恼的时候，看看调节情绪的影视作品，读读回忆录都能收到良好的效果。遇到不如意、不愉快的事情，也可以通过运动、读小说、听音乐、看电影、找朋友谈心诉说来宣泄自己不愉快的情绪，也可以大哭一场。通过这种方式转移自己的不良情绪。

4. 行动转移法。

克服某些长期不良情绪的方法，可以用新的工作、新的行动去转移负面情绪的干扰。贝多芬曾以创作来克服失恋的痛苦，这不失为一个好办法。最大的心理之患在于患得患失；最大的精神负担莫过于名利枷锁。人不可一味地追逐名利，也不可缺乏上进心和奋斗精神。养生首养心，养心淡名利。知足常乐，身心健康。美术大师刘海粟先生已年逾九十，仍精神焕发，挥洒自如。其长寿秘诀是：“宠辱不惊，看庭前花开花落；去留无意，望天上云卷云舒。”一个人学会乐观，淡泊名利，保持健康情绪，命运就永远掌握在了自己的手中。

5. 深度呼吸放松法。

人们在情绪激动时，容易出现胸闷、呼吸困难的现象，或在心情不愉快时大脑紊乱，想法较多。此时体内的血液运输系统处于呆滞状态，身体极度缺氧，所以通过深呼吸，可以增加外界氧气的供给量，提高肌体的运输功能，有效地解除胸闷，达到调节心情的功效。此种方法简单易行，可运用于我们日常繁杂工作的每一个角落。心情不佳时，可以通过循序渐进自上而下放松全身，或者是通过自我催眠、自我按摩等方法使自己进入放松状态；然后面带微笑，想象曾经经历过的愉快情境，从而消除不良情绪。

6. 能量发泄法。

对不良情绪可以通过适当的途径排遣和发泄。消极情绪如果不能适当地疏泄，容易影响心身健康。所以，该哭时应该大哭一场，心烦时找知心朋友倾诉，不满时发发牢骚，愤怒时适当地出出气，情绪低落时可以唱唱欢快的歌。

（1）将不良情绪的能量发泄出去。

比如当你发怒时，不如赶快跑到其他地方，或是用拳头捶击墙壁，或是找个体力活干一干，或是跑一圈。这样就能把因盛怒激发出来的能量释放出来，从而使心情平静下来；或者在你过度痛苦时，不妨大哭一场。哭，也是释放积聚能量、调整机体平衡的一种方式。

（2）理智地消解不良情绪。

首先必须承认不良情绪的存在；其次，承认了不良情绪的存在后，就要分析产生这一情绪的原因，即弄清楚究竟为什么会苦恼、忧愁或愤怒。这样可以帮助我们弄清自己所苦恼、忧愁、愤怒的事物，是否确实可恼、可忧、可怒。如果发现实际上并不是这样，那么不良情绪就会得到消解。最后，有时确实有可恼、可忧、可怒的理由，那么，就要寻求适当的方法和途径来解决它。比如，你因为考试没有把握，对能不能考好感到焦虑不安，你就要积极把精力转移到加强学习上来，集中精力搞好复习，减轻自己的忧虑。

（3）将不良情绪遗忘或转移。

一般情况下，能对自己的情绪产生强烈刺激的事情，通常都与自己的切身利益有很大关系，要很快将它遗忘，是很困难的。但是，可以进行积极的转移，即设法使自己的思绪转移到更有意义的方面上，或者主动去帮助别人，或者找知心朋友谈心，或是找有益的书来阅读。要使自己的心思有所寄托，不要使自己处于精神空虚、心理空旷的状态。凡是在不愉快的情绪产生时能很快将精力转移他处的人，不良情绪在他身上存留的时间就短。

7. 运动调节法。

运动调节法其实是宣泄调节法的一种，之所以把它单独列出来，是因为它是最有效的一种方法。可以寻找合适时机到空旷的田野或运动场上跑一跑，优美的环境、狂奔后的宣泄及大汗淋漓的状态，准能让我们消除一切忧虑，感觉到生活的快乐。但有一点一定要注意，心情郁闷时，切忌进行激烈的运动，如球类运动，以免与别人发生身体接触时产生不愉快使自己的心情更加糟糕。

总之，在面对陌生人时，我们要时刻注意自己的情绪变化，管理好自己的情绪，在心情不好时及时地进行调节，做一个温和、刚强的交流强者。

第七节　我不是阿Q——自嘲的方式也很好

一、幽默的最高境界——自嘲

所谓“自嘲”，顾名思义，就是运用嘲讽的语言和口气，自己戏弄、贬低或嘲笑自己。然而，从自嘲者的本意来看，又并非止于自我嘲弄，多有“醉翁之意不在酒”的意味，具有“表里相悖”“言此意彼”的特点。

心理学家认为，一个人的身体状态是受其心理和精神状态所影响的。大约有一半以上的疾病是由心理和精神方面引起的，因此，掌握心理平衡对人的健康是非常重要的。在我们的生活中几乎每个人都会遇到一些让人难堪的局面，遇到窘境，如何冷静应对，调整心情呢？“自嘲”是一剂平衡自我心理的良药。众所周知，幽默能使人感到轻松愉快，有助于沟通，而自嘲则被看作是幽默的最高境界。

古代有一个文人叫梁灏，少年时曾立下誓言，不考中状元誓不为人。结果时运不济，屡试不中，受尽别人讥笑。但梁灏并不在意，他总是自我解嘲地说，考一次就离状元近了一步。他在这种自嘲的心理状态中，从后晋天福三年（公元938年）开始应试，历经后汉、后周，直到宋太宗雍熙二年（公元985年），历时47年才考中状元，时年82岁。他写过一首自嘲诗：“天福三年来应试，雍熙二年始成名。待他白发头中满，且喜青云足下生。观榜更无朋侪辈，到家惟有子孙迎。也知少年登科好，怎奈龙头属老成。”自嘲使梁灏走过了漫长的坎坷，终于走向成功。自嘲，也使他走向了长寿，活过了古代人难以逾越的九旬高龄。

在现实生活中，因外在形象不美而遭到他人嘲笑的事常常发生。面对嘲笑，有的人暴跳如雷，反唇相讥；有的人我行我素，不予理睬；有的人闷在心里，寻机报复。这些做法都是不妥当的。而自嘲不仅可以为自己找到下台的台阶，化解难堪和尴尬，还能产生幽默的效果，让别人觉得你豁达、可爱。

有一位年过花甲的老教授应邀到某高校演讲，当晚，该校还同时在举行一场校园歌手大赛。当演讲开始时，老教授发现会场里的座位有不少都空着，而门口和走廊里却站了不少人。很显然，这些人都是一些动摇分子，随时准备走人。看到这种情况，老教授走上讲台后首先说："今天我走进会场的时候，有一种被尊重的感觉。我要特别感谢那些站在门口和走廊上的同学，因为你们是在用肢体语言给我鼓气——宁愿站着也要听我老头子演讲。而且，你们都是经过郑重选择的：在老头子和少男少女之间，你们选择了老头子我；在说的和唱的之间，你们选择了说的，因为你们相信：说的定比唱的好听。"

老教授的一番幽默话语，使会场周围同学的情绪受到极大的感染，他的话还没有说完，就已经掌声四起。那些站在门外的动摇分子也笑着拥进了会场，一些被掌声和笑声吸引过来的大学生也拥挤在门外，有的甚至爬到了窗台上，接下来的演讲进行得非常顺利。

二、学会自嘲——与陌生人交往中的良药

在生活中，自嘲是不可多得的灵丹妙药。不过要注意的是，自嘲并不是自我辱骂，更不是出自己的丑。当我们自我嘲讽时要把握好分寸，既要超脱，又不应太过尖刻，更不能让自己感到屈辱。

1. 放松情绪。

幽默本身需要良好的心理环境，而自嘲更需要快乐轻松的心境。

各位也许在电影或在日常生活中看过男女双方第一次见面时手足无措的情节。男女相亲，双方默默无语，好不容易一方正要开口说话时，另一方也正好想说些什么，于是两人同时张开嘴巴，又尴尬地同时闭了口。过了一会儿，同

样的事情又重演了。不过这都是出在别人身上，如果真发生在自己身上，其慌张失措的窘态是可想而知的。有这样一个相亲场合，富有幽默感的男方为了解除两人同时开口的尴尬场面，对女方说“我们真是默契啊”！一语逗笑了女方，就连女方家长也忍俊不禁，气氛随即轻松融洽起来。第一次与人接触时，怯场是不可避免的。若是对自己的失常耿耿于怀，那只能增加自己的紧张。为了不使自己陷于失败之中，你应该超然一些，以客观的态度，自嘲、娱人自娱吧！当你对别人自我解嘲地说：“我这个人一怯场啊，手就像酒精中毒一样抖个不停。”你说完后，手可能就不再颤抖了。因为，紧张已经随你的自嘲解除了。

2. 运用自嘲，倾吐郁闷。

在生活、工作中，当遇到不公正的待遇，或受到不合理的评价时，自己气不过，但又不便直接说出时，就可运用自嘲，以委婉暗示的方式，把内心的郁闷、不满吐露出来，以正视听。比如，有位家庭生活拮据的大龄青年，相过好几个对象都失败了。当有人责怪他眼光太高，择偶太挑剔时，他抱屈地自嘲道：“你瞧瞧咱这德行，论人样儿，咱属‘三等残废’，说家境咱是‘第三世界’，我还敢挑剔?”很显然，这个青年在回答别人的误解时，采用自嘲口吻，有意揭自己的“丑陋”和“拮据”，借以巧妙地暗示出相亲失败的真正原因，从而达到为自己“正名”的目的，使对方从隐藏的寓意和自嘲中领悟真情，作出正确判断，并解除偏见和误解。这种说法，比起直言不讳地表白自己，或直截了当地驳斥对方，显得更委婉达意，巧妙得体。

3. 运用自嘲，摆脱窘境。

在交际中，当对方有意无意地触犯了你，把你置于尴尬的境地时，借助自嘲摆脱窘迫，是一种恰当的选择。50 年代，有一次，美国总统杜鲁门会见麦克阿瑟，而后者是一位十分傲慢的将军。会见中，麦克阿瑟拿出他的烟斗，装上烟丝，把烟斗叼在嘴里，取出火柴，当他准备划燃火柴时，当即停下来，转过头看看杜鲁门总统，问道：“我抽烟，你不会介意吧?”显然，这不是真心征求意见。在他已经做好抽烟准备的情况下，如果对方说他介意，那就会显得粗鲁和霸道。这种缺乏礼貌的傲慢言行使杜鲁门有些难堪。然而，他只是狠狠地盯了麦克阿瑟一眼，自嘲道："抽吧，将军，别人喷到我脸上的烟雾，要比喷在任何一个美国人脸上的烟雾都多。"由此，我们看到，当令人难堪的事实已经发生，运用自嘲，能使你的自尊心通过自我排解的方式受到保护，不至于失去平衡，并且还能体现出自己的大度胸怀，有助于在交际中"得分"。

4. **运用自嘲，打破僵局。**

在与人交涉事务时，运用自嘲，有时能收到以退为进的效果。某市蔬菜公司一位科长到外地调运鲜菜，买方想趁机捞一把，因而报价很高，双方僵持不下。眼看市场供应就要脱销，心急火燎的科长，却摆出一副泰然自若的样子，说道："其实，你们把我看高了，我不过是个小科长，还是个副的，我手中能有多大权力？再说，天气这么热，我花大价钱买一堆烂菜帮子回去，这个责任我能担得起吗？"他的这番自嘲，不但使期望过高的卖主们大为泄气，开始动摇了当初的决心，而且对他的"苦衷"还产生了一丝同情的心理。当然，他们更担心天热烂菜，最后终于妥协，达成了协议。从这个事例不难看出，这种自嘲反映了说者的机智，带有很大的策略性，致使僵局出现转机。

5. **自嘲还能增加幽默感。**

比如，丈夫要出国深造，妻子半开玩笑地对他说："你到那个花花世界，说不定会看上别的女人呢！"丈夫调皮地说："你瞧瞧我这副尊容，瓦刀脸、螳螂腰、罗圈腿，站在路上别人怕是眼角都不抬呢！"一句话把妻子说得扑哧一声笑了。丈夫的自嘲巧妙地包含了让妻子放心的意思，这比一本正经地发誓忠于她，不是更有诗意和情趣吗？大凡具有幽默感的自嘲，往往是对自己缺陷的夸张和形象化，很能表现自己的坦诚品格，易于得到对方的信赖和好感。

在社交中运用"自嘲"须注意以下原则：一是审时度势，相机而用。自嘲虽具有一定的表达功能，但也有明显的局限性，充其量它不过是一种辅助性的表达手段，不宜到处滥用。比如，对话答辩、座谈讨论、调查访问等，就不宜使用自嘲，而应直抒胸臆、坦率诚实地吐露思想观点，介绍情况，回答问题。如果不看场合时机，随意使用自嘲，就会弄巧成拙。二是避免采取玩世不恭的态度。具有积极意义的“自嘲”，包含着自嘲者强烈的自尊、自爱和责任感。自嘲者不过是采取了一种貌似消极，实为积极的促使交际向好的方向转化的手段。而玩世不恭，则是人们对世事表现出的冷漠、讥讽和不负责任的态度。如果自嘲出于这种态度的话，就会失去任何积极意义，有害于交际。三是运用自嘲当适可而止。自嘲有时具有“嘲人”的刺激作用，运用它应格外慎重。通常情况下，应是“点到为止”，让人意会即可。不能一味放纵，喋喋不休，如同用过量的卤水点豆腐一样，变得苦涩。

自嘲，是宣泄积郁、制造心理快乐的良方，当然也是反嘲别人的武器。学会自嘲，你就会拥有一个平稳和健康的心理，一副健康的体魄。通过幽默智慧的表达方式，或能打破谈话时的僵局，或能巧妙应付突然出现的尴尬场面，或能有意识、有目的地宣泄内心世界而获得一种慰藉。

总之，在社交场合中自嘲是不可多得的灵丹妙药，别的招不灵时不妨拿自己来开涮，至少是安全的，除非你指桑骂槐，一般不会讨人嫌。智者的金科玉律便是：不论你想笑别人怎样，先笑你自己。凡是能操纵最高级的语言艺术——幽默——的人已经是“智力过剩者”，那么能用最高境界的幽默——自嘲——作为武器者，堪称人情操纵场上的“无冕之王”，怎能不令人肃然起敬。

第七章

别让成功毁在无效社交上

第一节　批评别人的人不受欢迎

一、不要总是批评

在日常生活里，常会发生此种情形——你觉得和某个人说话很无聊。那个人通常是个阴沉、言而无信，又喜欢说别人坏话的人。此种芥蒂只会使彼此处得更不融洽。如果你认为对方是个没有内涵的人，不管你是否将此事说出，都会让你的人际关系变得狭窄起来。

例如，你和某陌生人闲聊，提起他人并不怎么样，对方虽未必会反驳你，但实际上他心里却别有反应。首先他会想：你为什么老喜欢让自己看起来那么了不起？老是以说别人坏话，来提高自己的形象。第二，他会觉得你缺乏体贴他人的心胸。任何人皆有优、缺点，与其揭人之短，何不提出对方的优点，给予适当的肯定呢？第三，他会对你产生不信任，谁知自己在什么时候也被他批评一番呢？

二、出现批评不恰当的原因

在春秋战国时期，有个大思想家庄子，也曾经被人欺骗过：有一天他经过一个集市，看见有人钓了一条大鲤鱼准备杀，由于他动了恻隐之心就买下了那条鲤鱼，另外还给那个人钱，叫那个人不要杀鱼帮他养着。那个人收了钱之后，等庄子一走就立刻做了“红烧鲤鱼”吃了。隔了半个月过后，庄子回去看那条鲤鱼，那个人就急忙间找了另一条鲤鱼来冒充，明眼人一看就知道那条鲤鱼大了很多。因为庄子有了先入为主的想法，他认定这条鱼就是以前的那条。所以他觉得自己是做了好事，鲤鱼越长越大是应该的，而他的功德也应该越来越大，所以他就继续给那个人钱，叫那个人继续替他养那条鱼。

为什么一个大思想家也会被一个贩夫走卒骗呢？

道理很简单，这纯粹是因为偏见的问题。当一个人全心全意地想一件事的时候，他的潜意识就会有一种倾向；如果一个人有了先入为主的偏见，就会影响他客观的想法，从而产生错误的评判。

生活中对陌生人的印象会反映在人性中的先入为主的偏见。好的先入为主的偏见给人机会，让人进步，而往往坏的先入为主的偏见却严重地打击人的积极性。让人可能永远无机会改变这种状况，从而沉沦下去。我们应该尽量减少对陌生人的这些武断的观念，从而营造更和谐的人际关系。

在我年轻的时候，就很想让人家知道我，我曾写过一封信，给美国文坛上一位极负声誉的作家，他叫台维斯。那时我准备给一家杂志社，写些有关文坛作家的文章，所以我请台维斯告诉我，有关他写作的方法。

数星期后，我接到一封信，信上附注着这一句：“信系口述，未经重读。”这两句话引起我的注意，相信写这信的人，一定是位事务繁忙的大人物，而我却一点也不忙。可是我急于引起这位大作家台维斯的注意，我在写了一封简短的回信后，后面也加上这样几句：“信系口述，未经重读。”

台维斯不屑再给我回信，只是把我那封信退了回来，可是下面潦草地写着几个字：“你态度之不恭无以复加。”

是的，我做错了，或许我应该得到这样的斥责。可是，人性使然，这使我深深地痛恨，对他怀着极度的愤恨。甚至十年后，我知道台维斯去世的消息时，我心里还深深恨着他。而我却羞于承认，就是他给了我伤痕。

如果你明天要激起一股愤恨，使人痛恨你十年，一直到死，我们可以放任一些对人具有刺激性的批评。当我们要应付一个人的时候，应该记住，我们不是应付理论的动物，而是在应付感情的动物。而且批评是一种危险的导火线——一种能使自尊的火药库爆炸的导火线，这种爆炸，有时会置人于死地。

苛刻的批评，曾使敏锐的哈代——英国文坛上最好的小说家之一——永远放弃了执笔写小说的勇气。

任何一个愚蠢的人，都会批评人，斥责人，抱怨人。同时，也是绝大部分愚蠢的人才会这样做的。但若要宽恕和了解，那就须在人格、克己上下功夫了。卡莱尔曾经这样说过："要显示一个伟大人物的伟大之处，那就要看他如何对待一个卑微的人。"正如强森博士所说的："上帝在末日之前，还不打算审判人！"你我又为什么要批评人呢?

三、要么不批评，　要么请学会批评的方法

首先，不能带着先入为主的偏见评判别人。倾听他人说话，不要打断他的发言，并让他把话说完，你对他会有意想不到的新认识。要知道，我们从任何人的谈话中都会有收获的。其次，在和同事沟通当中，也常会发现别人可能有不同的看法。社会上有许多人是无法以你的尺度去衡量事务的。

其次，批评的话应该就事论事。俗话说：话不要说得太绝。所谓"太绝"，就是太抽象，太绝对。抽象也有程度之分，比如"你这人太差劲了"，比起"你这个人老是不守约，真是太差劲了"，显然前者抽象一些。如果猛然一句"你这人太差劲了"，对方一定莫名其妙，无所适从；后者的说法不那么抽象，相对来说容易被对方接受。因此，向别人提意见时，应尽量具体点，对方才容易接受。话越抽象，越容易使对方糊涂。他会一直想着你话中的含意，甚至不知如何作答。反之如果想故意引起他人生气，抽象点容易奏效。

再次，如果听了对方说话之后，真的发现其中有一点与自己原则相背离，也不能立刻就提出异议甚至批评。在这种场合，我们一定要记得预先说明哪一点，或者哪几方面，自己是完全同意了；然后指出自己与对方意见不同的，只限于某一点。这样，对方很容易地就接受了你的批评或修正，因为他知道双方对于主要的部分意见是完全一致的。可能你所不同意

的地方却是对方意见的主要方面，但是你最好仍能预先表示对方意见中你所同意的各点，即使它是最不重要的一点。这样，谈话就可以很融洽地进行下去了。

还有一点是在浩渺无边的谈话题材中，也有一些小小的礁石，要留心避免它。对于你不知道的事情，不要冒充内行。这是一种不老实的自欺欺人的行为，你知道多少，就说多少。没有人要求你做一个百科全书。即使一个最有学问的人，也必有所不知。所以，坦白地承认你对于某些事情的无知，这绝不是一种耻辱。相反的，别人会认为你的谈话有值得考虑的价值，因为你没有虚伪，没有吹牛。别对陌生人夸耀你的个人生活，例如你个人的成就，你的富有，或是你的儿子怎么怎么了不起。不要在一般的公共场合把朋友的缺点和失败当作谈话的资料，不要老是重复同样的话题，不要到处诉苦和发牢骚，诉苦和发牢骚并不是一种良好的争取同情的手段。做人的基本态度，也应该是这样的。

最后一点是批评别人，要具有极大的同情。这样的你不仅不会犯吹毛求疵的毛病，而对对方所犯的错误也必能加以谅解。你要时常想着，你是设法和他站在一边的，不是和他对立的。说话要温婉和蔼，不可用刺激的或使人听了不舒服的字眼。说话时先要表示同情对方所犯的错误，使对方减少恐慌，同时也减少羞愤之心，然后再用温和的方法把错误指出来，指正的话越少越好，能用一两句就使对方明白了。这时就可转到别的地方，不可啰唆不绝，使对方陷于窘境，致生反感。对方不妥当之处，固须加以指正，但妥当部分亦须加以显著的赞扬，这样就易于使对方心悦诚服。改变对方的主张时，最好能设法使自己的意思暗暗转移给他，使他觉得是他自己修正的，而不是由于你的批评。对于那些无可挽救的过失，站在朋友的立场，你应当给予恳切的正确的指正，而不是严厉的责问，使他知过而改。纠正对方时，最好用请教式的语气，像命令的口吻效果则不好。要注意保存或激励对方的自尊心。

世上没有完全相同的两片叶子，世上也没有完全相同的两个人。无论领导、同事、朋友还是家人，你所接触到的每一个人都与你有着不一样的思想、个性和习惯。尊重他们的个性特点、思维方式和生命节奏，求大同、存小异，寻求“和而不同”的乐趣，为自己、家人、领导、同事和朋友们营造和谐的人际关系十分重要。

第二节　别搅了他人的兴致

一、不要打扰他——请安静地听

乔·吉拉德说："有两种力量非常伟大，一是倾听，二是微笑。"因而，在和他人沟通的时候，让别人说，给人以表达的机会，去倾听他们的意见。交流时，如果我们总是说，就学不到什么东西，人们也只有在让对方完全释放自己的情感后，才能完全理解别人要表达的意思，实现心灵的互动。

人们最高兴的就是谈自己的事情，而对于自己毫无关系的，多觉索然无味。但是在与陌生人交谈中，千万不要搅了别人的兴致，点头示意比贸然插嘴可爱得多。会说话的人，在别人讲话时，都很注意听着，然后适时地提出自己的意见。

每一个成功的人，首先都是一个优秀的听众。"听"可以让你学习别人的思维方式，用别人的眼睛看问题。"听"是获取知识的最佳渠道。"听"是成功者最有效的交流方式。"听"是成功者的故事和经验。"听"是不成功者的抱怨，理解为什么他们会失败。如果你会"听"，那么一个失败者教会我们的不比一个成功者少。因此，在会话中应该认真去听对方说话，最理想的会话形式是七分听，三分说。

二、如何能不打扰对方的兴致

人能说会道固然重要，但善于倾听更为重要，因为倾听是心灵沟通的桥梁。美国科学家富兰克林说过："一个冷静的倾听者，到哪儿都受人欢迎；而一个喋喋不休的人，像一只漏水的船，每一个乘客都希望赶快逃离它。”耳听八方，能使人与时俱进；广纳群言，能使人保持清醒的头脑，更能启迪思维，使人增长知识与才干。

与陌生人会话，包括了“听”与“说”两部分，因此，这两方面都不可疏忽。一般人，往往都只注意自己所说的话，而很少去思考对方所说的话。平常，一般人讲话也都会犯这个毛病：在讲话中，脑中只充满着“接下去该说什么话”，而往往不注意对方所说的话。如果对方所讲的话中另有含意，那你根本不可能会了解。

那么，在倾听的时候应该注意哪些地方呢？

1. 停止讲话——你说话时是无法听清问题的——当你不甚理解时，你需要进一步澄清，当你希望他们喜欢你并且想证明你，你就需要停止说话，仔细倾听。

2. 注意力集中，真心诚意地倾听。倾听时要集中注意力，随时注意对方谈话的重点，在对方兴致正浓的时候，你要用眼、手或简短的语言加以反馈。而不要人家将近说到最精彩的部分时，你来一句我知道，我知道，然后抢着把答案或结论说出来。

3. 要有耐心，不能随便打断别人思路。给他们时间说他们想说的一切。当别人很有兴致地谈话时，随便插话打岔或者任意发表评论，都被认为是一种没有教养或不礼貌的行为。不要在人家正与人对话时，你突然冒昧加入，还用毫不相关的话题打断别人的话，令讨论方向转移。

4. 望着对方——通过看着对方，对方就更有信心，说明你正在听他说话，这也有助于你集中精神。

5. 搁置感情——尽量忘记你自己的烦恼和问题，把他们都统统留在会议室门外，因为他们会让你没法好好听。

6. 偶尔的提问或提示可以说清谈话内容，给讲话者以鼓励。同样，可以适时用简短的语言或点头微笑来表示你的赞同和鼓励。但问题要问得合体，要做到理解要点——集中精力听主要意思而非说明性材料。不能在人家说得起劲的时候，你突然打断问一些白痴问题。不单是说话者，即使是在场听得出神的听众，也必然对你心生厌恶。

7. 适时给予反馈。反馈就是用自己的语言复述对讲话人所表达信息和情感的理解，这表明你已经听到并理解了信息。你可以逐字逐句地重复讲话人的讲话内容，也可以用自己的语言解释讲话人的意思。但是不要在人家正在发表意见时，你中途插嘴表示己见。这样做，很容易令对方误会你是有心跟他过不去或抢其风头，必然对你心生厌恨。

8. 要观察讲话者的非语言信号。既然交往在很多时候是通过非语言方式进行的，那么，就不仅要听对方的语言，而且要注意对方的肢体语言，这就是要注意观察说话者的面部表情、说话的语气、音调和语速等，从而发现对方的言外之意。

9. 不同的速率——听总快过说。因此你应该通过不同的估计以发挥你的优势。比如站在合适的位置，设想一下他们要说什么，回想一下他们刚刚说了什么，并估计一下讨论进展如何，说时的语速是一分钟100到150字，而听时则达到一分钟250至500字。不管激动是好是坏，打断别人的说话是种极令人讨厌的行为。不懂尊重别人的人，很难得到别人的尊重。

如果你能这样全心全意去聆听对方讲话，感受对方的感受，对方一定很高兴，而且会有一种踏实感，因为他觉得他所说的话已受到你的重视了。而且如果你认真地听对方所讲的话，也可以适时地发现问题，提出疑问。也可以说是借着词来承认对方的人格，这种关怀的做法，会令对方觉得你是个温柔体贴的人。

第三节　不知所终容易引起反感

一、飞镖效应

“飞镖”是古代捕猎的一种巧妙武器，它沿着一条弧线飞出去，尔后再继续沿着弯曲的弧线折回来，重新回到猎人的手里。因此，社会心理学上，把行为举措产生的结果与预期目标完全相反的现象，称为“飞镖效应”。这好比用力把飞镖往一个方向掷，结果它却飞向了相反的方向。

“飞镖效应”产生的根本原因，在于当事人在考虑问题时犯了简单、片面化的错误。这是因为光把注意力死死盯在了要达到的目标上，完全忽视了手段的择优选取，弄得手段和目标不配套，因而引发一系列反应，实则对目标的实现，产生了很强的干扰作用。

实际上，许多心理问题严重化的过程，正是“飞镖效应”发生作用的过程。因为当事人在不明了自己问题产生的原因时，为克服心理障碍所做的种种努力，其实是在“巩固加强”他们的问题。

有位女中学生，脸皮非常薄，一天到晚总是担心自己会做错什么事而让别人笑话。一天，前排一位男生问了她一道题，她回答以后就开始惴惴不安起来了。她心想：“别人会不会认为我和他有什么意思了……”这样一想，她一下子心慌起来，觉得脸也变红了。当她一觉察到自己脸变红了，心里马上又想：“这不是更让人认为我和他有鬼吗？”于是心更慌、脸更红了。“脸红癖”从此就和她结下了不解之缘。其实，她的脸红产生于老怕人有“看法”和“想法”，而她克服脸红的强烈心理动机也是怕人有“看法”和“想法”，因此她的脸红当然不能被克服了。

二、如何使自己在交流中避免飞镖效应

其实我们可以看到，在与陌生人交流时，飞镖效应反映出的问题是：仅仅盯住了目标，却思路不清晰、重点抓不住，四条建议如下：

一是多读。看看别人在碰到一件事时怎么说，有几种说法，雅的怎么说，俗的怎么说，书面的怎么说，口语的怎么说，从中得到借鉴和启发。读时应注意一点——尽可能读出声来。

二是多写。多写更能提高表达能力。古人曾说，诉之笔端，半折心始。意思是，有好多话要说，但真正能写到纸上的，也就只有一半。这个道理说明，思路可能是很多的，只有通过多写才能去粗取精、去伪存真，把自己想要说清的问题表达清楚。

三是多调查研究。对所要说清的事情，要充分掌握第一手材料。这样话题才会多。对所要说清的事情一知半解，就不仅是表达能力不足的问题了。

四是多思。遇事要先想一想再发表意见，使自己说的话有条理，比如说问题，可围绕“这个问题是什么、是谁造成的、原因是什么、错在什么地方、如何解决”等小题目去展开。

第四节　要敢于说真话

一、我们需要真话

每年的4月1日，很多人都兴高采烈地过愚人节，大家互相善意地欺骗着，谁的话也不能信；可是我们仔细想想，除了“愚人节”这一天之外，平时就不说谎了吗？在这个社会，似乎每一天都是“愚人节”！更何况面对没有任何了解的陌生人呢？

众所周知，说真话是每个正常人的自然愿望，面对陌生人时更需要我们坦诚相待。真话是指真情实感、真知灼见、真相等等与虚假相对的概念。但在一个现实的社会中说真话并不容易，因为这不仅需要智慧，更需要勇气和正直的人格力量。只有对真的价值绝对肯定并执着追求，真话才能在社会中占重要地位。

最近我的一个朋友因单位中层干部调整被莫名其妙地“升职”（其实是贬职）而闷闷不乐。问其原因，原来是领导找他谈话时，由于朋友心直口快说出其他人不敢说的真话，才得到“升职”的机会。到底是说真话好还是说假话好？小时候父母教育我们要做诚实的孩子，老师教育我们要做诚实的学生，褒真贬假。而现实生活中往往假话能使人心花怒放，升官晋爵，其原因是什么，可想而知。敢于说真话的人，本身具备了一种刚直不阿的性格，往往容易得罪对方。

我们也都知道皇帝新装的故事，都曾嘲笑过那个相信自己穿着华丽新衣的皇帝。但在现在社会中，面对陌生人时，几乎没有人有足够勇气去扮演那个在人群中大声喊出真相的小男孩，也几乎没有陌生人愿意听到真相。千万别忘记童话的最后一幕：皇帝继续进行他那尴尬的游行，宁可丑陋也不愿承认自己“赤裸裸”的罪恶真相。

有些真话之所以不能讲，从审美方面看，是因为它不美，不能给人以愉悦之感；从道德方面看，是因为它不善，如果直接说出来，势必要破坏团结和友谊，破坏人与人之间的和谐关系。但是这并不能成为我们在面对陌生人时随意编造假话的理由。当然，有时一些明明可讲该讲的真话，因为种种不如人意的环境因素，致使不能说出口来，这是令人遗憾的。而且我们与陌生人的交往是从废话开始的，很少有人能免俗，也导致了说真话的倒是越来越少了。但这是可以改变的，可以通过我们的学习和成熟来完善与修正。所以仍然不能成为我们骗取陌生人信任以及真诚的借口。

二、面对陌生人， 我们如何真言真语

说真话难道需要艺术？为什么不能直接说出来？当我们遇见了解不深的陌生人时，不加修饰地说出真话伤人绝不亚于假话的力度！有时候“有什么说什么”并不见得都是好事。

或许这就是一种现实，无论你说这是一种生存智慧也好，或者你说这是一种世故圆滑也好，好像都是一种客观存在，我们无法改变，应该去探索如何更好地利用和掌握。

1. 诚实和正直是原则。

面对陌生人时，我们要认清所谓真假的区别，这也是我们更好说出真言真语的基础。

（1）社交性的客套话，最容易被人接受的方式是恭维别人的衣着得体啊，精神啊，或者赞美对方的孩子，这些话只要不太离谱，对方都能欣然接受，明知情况可能并不属实，但也愿意笑纳。只要没有目的性，让对方愉快，何乐而不为呢？其实这种情况严格来说并不是假话，不过是放大了对方良好的一面。

但是也有带有目的的，胡吹乱捧，旁观者听到都觉得肉麻，接受的人只要明智也不会很愉快，说的人也有献媚拍马之嫌。

（2）歪曲事实，添油加醋。

这种假话往往有部分是真的，然后说的人根据自己的利益和喜好添加许多不存在的东西，这种假话往往特别像真的，因为有部分事实，但已经偏离了本来的面貌，所以结果往往很严重。可以离间，可以挑拨，可以惹是，可以生非。面对这种情况我们真的是需要一双慧眼。

（3）凭空捏造，也就是所谓的造谣，空穴来风。

这种情况说实在的，现实生活中操作起来难度很大，毕竟生活中没有那么多戏剧元素可以用。再说了，既不是战争年代的敌我双方，也不是世代相传的仇人，这样做有意义吗？唯一的可能是爱上了对方，找理由接近。

2. 沉默也是真话的表达。

如果你不想因为说真话而受损，那你也可保持沉默，这比说假话要好。对这一点可以适当推开来说。因为沉默的人心存真实和对真实的珍视，因而也有捍卫真理的意义。更何况沉默是社会中很多人的生存状况，也是他们的习惯。鲁迅先生不就曾说他自己“沉默时感到充实”么？

其实，话语上的沉默是一种很普遍的需求。无论如何，沉默作为一种生活方式，是不可或缺的；在一个常态的社会里，你可以通过沉默的方式保持自己的清白。虽然，沉默与说出真相不能同日而语；但与说假话却有本质不同，而与所谓的“表态”相比就更有人格独立和思想自由的特征在其中，因此这还可以算作是一种不太糟的状态。不管喜欢沉默的人是多数还是少数，人都有沉默的权利，因为它是言论自由的应有之意，这种权利可以保证他在说假话和不说之间作出选择。

3. 说出艺术的真话。

当你不得不说话，但又不能说心里话时，我们还可以在伤害他人与不伤害他人之间作出选择。怕就怕一个人不仅不以说假话为耻，反而以之为荣并以此作为迫害他人谋取私利的手段。这就越过了社会道德的底线，它的危害已经远甚于假话本身了，它意味着道德的彻底沦丧。

生活就是围城，真真假假，假假真真，无时无刻不在纠缠。不管怎么说，我始终认为：对一个正常的人来说，无论现实情况如何，拥有诚实的本质才是最珍贵的，是一种真正的美德。

说假话，真简单。没有信仰就没有道德，没有道德就没有良心，良心是人们心灵深处的一杆秤，真与假只在一念之间；心中的秤缺少了准星，没有了标准，说假话就成了一件很容易的事。

说真话难在付出与责任！我们是凡人，是害怕付出与不愿承担责任的凡人。我们害怕失去生命，失去身边的财物，失去头上的光环，我们害怕失去拥有的一切人类肉眼可见的物质；却唯独不害怕失去灵魂，失去良知，失去所有肉眼不可见的纯正品性！我们不喜欢承担责任，不喜欢招惹麻烦，经常完全忘记了自己这个宇宙里最高贵最独一无二的人类身份——我们可是唯一的懂得分辨是非善恶的物种啊！五千年华夏文明走到今天，物质生活进步了，智慧学识进步了，希望勇气和正直这两种人类心灵是人生命中里最宝贵的纯正品性，也会一直进步！

第五节 成熟并不是世故

一、何谓成熟

成熟者遇事头脑冷静，坚持原则，有主见，该干什么就干什么。世故者观风向，看气候，见什么人说什么话，投人所好，八面玲珑，采取“随风倒”的处世方法。就如有人所刻画的那样：当世故者同多愁善感的人交际，便把自己打扮成多愁善感的人，说话时，眼睛里有时还会泪光闪闪；转身同性格多疑的人交际，他又会俨然装得深沉起来，与对方一起分析别人如何有可能损人利己，奉劝对方应采取何种态度来对付；而同率直爽情的人谈话时，他又会马上变得疾恶如仇，真想马上为朋友打抱不平，两肋插刀；然而同喜欢息事宁人、凡事调和的人在一起时，又显示老谋深算，久经风霜的样子，把那些正直的举动说成“简单”和“幼稚”，仿佛发生的一切麻烦都是因他不在场而造成的。

虽然判断成熟并无确定的、统一的标准，但日常生活中，人们最容易欠缺的和最不成熟的地方仍有共性，这使得成熟也有自身明显的特征。下面就来谈谈可能的成熟的标志。

1. **有选择地轻视异性。**

能够有选择地“轻视”异性，不把没修养的异性当回事，这是成熟的标志。所以把它放在第一条，因为它是人生迈向成熟的第一步。这里说“轻视异性”，不是指性别歧视，它既指男人不要把女人当回事，也指女人不要把男人当回事。主要是指能够用一种平和、健康、冷静的心态理解和交往异性。

2. 适度地否定自己。

学会适度地否定自己。不断地否定自己，是走向成熟的必要条件，也是成熟的重要标志。否定自己是深刻的思想活动，是出于对真理和对自我的认知，而不是妄自菲薄和自轻自贱。否定自己是思考的结果，而不是“触景生情”。只要你时时地反省和面对自己，你就会时时地否定自己。

3. 学会宽容。

宽容不仅象征成熟，更是一种境界。幼稚的心从来不会宽容，他们偏激、暴怒、盲目行动、疾恶如仇，而且自己却屡犯不可“宽容”的错误；他们追求完美，却并不明白自身所存在的缺憾。

宽容不是容忍，因为容忍仍是一种消极的反抗，这种并不明智的情绪其实是暗暗跟自己过不去。生活的阅历、生命的体悟，构成了宽容的前提与基础。宽容别人，也是宽容自己，这体现了对人性缺陷的包容和理解。因此，宽容不仅是一种成熟，也是智慧。

4. 重视简单。

从思考能力的角度讲，成熟的标志就是对“简单”有了新的认识和理解，不再把简单看作简单，或者说，不再轻视简单。真理就是简单的，而这简单的真理就是在平常的朴素的日常生活当中。能够从简单处寻找和发现真理，你就得到了最深刻的真理。

5. 维持情绪平稳。

个性的冲动使人思想狭隘，只看到眼前的事情。理性的头脑可以帮助我们培养更长远的眼光，让我们有能力参考过去，也会放眼未来。冲动个性的人，眼光只看到现在的事，会为了眼前一件小事暴跳如雷，为了要争一口气立刻变成拼命三郎，冲动的时候没想到以前，也没考虑到以后，只求满足自己出一口气的欲望。

6. 自己对自己负责。

不成熟的人什么事情都怪别人，怨天尤人，出了问题都是别人的错。成熟的人知道，不论外在环境如何变化，选择还是在自己身上，每一个选择都会有利有弊，自己要对自己的选择负责，承担所有利弊得失。世界上没有只有利而没有弊的事情，我们也不可能把所有好处都往自己身上揽，而把坏处都推给别人。

7. 可以在自我与他人之间维持平衡。

很多个性不成熟的人是完全以自我为中心的，凡事只想到自己，自私、自利、自傲、自恋，只顾到自我不顾别人。以自我为中心的人个性情绪发展还停留在五岁以前的儿童阶段。个性发展停留在小学生阶段的人，则是常常过度以别人为重心，什么事情都顺从别人，不敢有自己的主见，宁愿牺牲自己配合别人。在人我之间的关系太过偏向别人或者太过偏向自己都是不成熟的心态，能够在人我之间平衡，才是成熟。

二、如何处理世故与成熟的关系

1. 成熟不是世故。

成熟能代表圆滑吗？难道就可以说圆滑代表一切的世故？这主要看是外表的成熟还是内心的成熟。现在许多年轻人年龄很小，却都外表一副成年人的成熟，让你捉摸不透他们的年龄到底几何，你敢说你是成熟者吗？不能，同样也不能说是世故。

世故有可能是一种褒义，但很多用法都是用在了贬义的字解上，对每一件事都能做到完好无缺，坏的也能补起来，对领导能拍得正着，处理关系时能分清轻重，从不得罪人，这是做人的道理，但是也掺杂着世故的意思。我们能讲这种世故是一种褒义还是贬义的吗？这只是成熟人的一种做法，成熟必须做的。不懂事的仍然是年轻气盛，不懂得这个社会没有关系是不能成的，天天都叫嚷着自己要闯，不靠任何人，理想固然伟大，但是经过社会磨炼的你会感到这一切的一切都是你原本不想要的，但你也只能靠这样的生活才能维持你的伟大理想。

外表的成熟并不代表内心的成熟，内心的成熟也并不代表社会的圆滑世故。世故不是好事，也不是坏事，但学着世故总能让自己少吃亏。不过，对待朋友，对待亲人可不能这样，千万不可，那样做人也太小人了。故意拉拉扯扯，可是两个人心里都是不同态度的人可恶，我们并不需要这样的抚慰。我们需要的只是一种宽容的、无言的拥抱而已，千言万语都抵不过一个沉默的眼神。这一切都能看得清清楚楚。

2. 世故是烂掉的成熟。

成熟不等于世故，世故是烂掉的成熟。一个人不成熟，就等于生瓜一样，不好吃，价格就要大打折扣。成熟是一种丰满圆润的状态，是一个人智慧的顶峰，是一个人阅尽人间沧桑后的一种大度从容。它不媚俗，不盲从，对挫折处之泰然，对恭维、掌声、鲜花报以淡淡的微笑。处在这种境界的人，在家里是宽容慈祥的父亲；在朋友那里是手足般的兄长；在工作单位是砥柱中流。一个人思想和性格上的成熟，归根结底在于他能从容地处理好人际关系，能够很好地适应环境，适应社会。

世故与成熟不能同日而语。有人把老谋深算、圆滑世故看成是成熟，是为人处世、求人办事的高手，其实不然。因为老练成熟，才是社交中的上乘修养，而圆滑世故，则是社交中很坏的品质。世故的人不一定就是成熟，成熟的人也不一定必须世故。成熟的人让人想接近，世故的人却使人敬而远之。

3. 世故之人不可交。

如果某人是非常势利、见利忘义的世故之人，这种人在生活中是不适合做朋友的。世故的人有一个通病，在你得势时，他锦上添花；当你失意时，他落井下石。他不懂得什么是真诚，他只知道什么是权势。因此，这种世故的人不能交往。

宁可没有朋友，也不能交那些世故的朋友，因为这样对你无益，相反还有可能给你添麻烦。这种朋友，不如没有的好。

4. **不把世故当作成熟。**

生活中，有些人总觉得为人处世难，渴望自己早一些成熟起来，可往往又无法分清成熟与世故的界限，有时还把世故当作成熟。其实，世故与成熟是有区别的。例如，求他办点事，你必须得表示表示，否则，他左推右推说帮不了，给他些好处，事情马上摆平。这就是典型的世故心理。

成熟的人虽然也求人帮忙办事，但他们坚持的是互惠互利、互帮互进的态度，绝不会求人办事达到目的以后，就不再搭理对方。这种人在人际交往中，自然会受到朋友的欢迎。

总而言之，成熟不是市侩和庸俗，这种成熟的核心精神不过是妥协和顺从，苟且偷生，唯利是从。这是小人的智慧，也是社会的主流。这种成熟是不值得羡慕的。

一个严重的问题还在于，年龄的增长、阅历的增加，甚至历经沧桑都并不能确保一个人的成熟。成熟需要一个健康的自由的社会环境，需要个人独立的思考能力与自我反省。交往中的世故心理往往使人认为你不可信、不可靠、不可近。的确，从来不与人说心里话，有事求人，无事无人，这样的人怎能在心理上给别人以安全、共鸣感和愉悦感呢？何谈强化交往？这种人，又怎能交上知心的朋友呢？又怎能在人生的舞台上有出色的表演呢？

所以，在社会上行走，要让自己多一些成熟的气息，少一些世故的味道，这样才能成为到哪里都受欢迎的人。

第六节　你只是固执，不是坚持

一、区别固执和坚持

坚持也有两意，坚即意志坚强，坚韧不拔；持即持久，有耐性。坚持是意志力的完美表现，常常是成功的代名词。古有名句：不经一番寒彻骨，怎得梅花扑鼻香。“不耻最后”。即使慢，驰而不息，纵令落后，纵令失败，但一定可以达到他所向往的目标。

不积跬步，无以至千里；不积小流，无以成江海。坚持，是一个过程，一个持续的过程。想成一事，就要从一件件小事慢慢地做，积少成多。大道理，谁都会说，但是能够真正“坚持”下来的人很少。有些人，习惯用嘴来做事，有些人，做事只是习惯。有些人，做事是怕别人说失败，为不失败而坚持。有些人做事，为成功，为了成功的目标而坚持。

而什么是固执呢？固执往往是对偏激问题的坚持，也是一种过分相信自己能力和选择的自大心理。通常这种人眼高于一切，认为任何人都不如自己聪明，对一些事情有了选择之后，不论别人给出的意见是对是错，全盘地否认，即使对的建议可以使他的计划更加趋于完整和完美，他也不会接受。而且一般这种人会对于不同的意见强辩到底，非要把别人说的意见压下去，即使道理没有人家的硬，也要强词夺理，把别人说的没话可说了，他就达到了一种满足感和成就感，认为自己的理论占住了脚跟。所以通常固执的人在没有碰到头破血流是不会轻易回头的。而且固执的人在遇到迎头痛击之后会面临两个选择，一就是死了也要继续往前冲，二就是对自己开始了怀疑，然后无功而返。

固执也可能是一种偏执型人格障碍。这类人具有敏感多疑、好嫉妒、自我评价过高、不接受批评、易冲动和诡辩、缺乏幽默感等特点。固执的人常常发生与朋友分手、与恋人告吹、夫妻不和、父子反目等情况，因而可以说，固执是人际交往的大敌。固执可分为感觉性固执、记忆表象固执、情绪固执，这些心理现象可以连成一体，形成一种习惯。当别人破坏这种习惯时，就会使个体产生不愉快、不舒服，甚至苦恼的情绪，从而引发攻击性行为，表现出强烈的固执。

自尊心过强是导致固执形成的原因。自尊作为人的一种精神需要，是可以理解的。但有些人面对别人有睿智的思想、熟练的技能、幽默和风趣的谈吐、精辟的论证、高尚的品格以及谦虚的态度时，只能用执拗、顶撞、攻击、无理申辩等方式来满足自己的虚荣心，使固执在这种满足中得到发展。这样，必然会影响与他人的正常交往。

二、如何克服固执的缺点

浮夸、傲慢、懒惰、墨守成规是构成固执性格的几种要素。这种人常表现为情绪不稳定，社会适应性较差，对周围环境或人漠不关心，易与人发生摩擦，处不好人际关系。自己内心苦闷，却又不能耐心地听别人讲话，因而使自己的心理积聚无处排解，最后陷入心理变态的泥潭之中。

个人修养是固执形成和发展的重要因素。常与善于应酬周旋、灵活性强或虚心随和的人交往，往往会改变或减弱本人的固执程度；而固执的人与固执的人交往，会促使双方更加固执。固执是可以克服的。

首先，要克服虚荣心。人无完人，这是客观事实，用不着掩饰自己的缺点和错误。不要夸夸其谈、不懂装懂，要把精力引向事业，使虚荣心这种变态“能量”得到转化，达到心理平衡。

其次，要提高个人修养，丰富知识，把自己从教条和陈规陋习之中解脱出来。要尊敬和信任他人，培养自己宽容待人的态度。不要过于欣赏自己的成绩、谈论别人的不足，要乐于接受新知识，新事物，不要去计较那些微不足道的事情。

其三，要善于克制自己的抵触情绪以及无礼的言语和行为，加强自我调控，学会使用感情转化的心理调适方法。对自己的错误要主动承认，不要顽固地坚持自己的观点。调整好人际交往中的“期望值”。

所谓“期望值”是指人们希望自己所想或所做的事情达到成功的一种比值。人们在社会交往中，都希望自己所想或所做的事情获得成功，但客观事实又往往不遂人愿。有的事成功，有的事没有成功；有的事是一定意义上的成功，有的事却完全办糟了。事情成功了，令人兴奋；事情没有成功或办糟了，叫人懊恼、悲伤。尤其是办事前寄予成功的“期望值”越大，而一旦事情没有成功或办糟之后，其失落感就越强，心理上越得不到平衡，由此内心的悲伤、痛苦愈强烈。如此状态，势必影响工作，妨碍身心健康，贻害无穷。因此，人们在社会交往中，最好是要调整好自己的“期望值”，把其调节在最恰当的位置。若能如此，你就可以免受其难了。

第八章

高效社交的重要方式

第一节　工作社交是最重要的社交之一

当我们初涉职场，面对纷纭复杂的职场风云和形形色色的陌生人，也许会感到困惑和担忧，尤其是面对决定你薪水和职位的领导；或者初来一个新的公司，如何面对同事也成为你工作生活的一个重要话题。

一、与陌生同事相处之道

作为陌生的同事，我们没有理由苛求人家立即为自己尽忠效力。在最初的一段时间里，我们都要努力互相了解，不仅是你了解对方，而且是对方了解你的阶段。在发生误解和争执的时候，一定要换个角度、站在对方的立场上为人家想想，理解一下人家的处境，千万别情绪化，把人家的隐私抖出来。任何背后议论和指桑骂槐，最终都会在贬低对方的过程中破坏自己的大度形象，而受到旁人的抵触。同时，对工作我们要拥有挚诚的热情，即便是陌生的同事，也必定大力支持，支持便意味着接纳你的观点和思想，有利于将来的合作。

1. 首先，表态的技巧。

当有难题要应付时，对他人来讲自己作为一个陌生人，首先要听取别人意见；其次可以选择表明自己的看法，放下架子，其他同事会认为你很坦诚，可以给予你更多的帮助。不要非遮遮掩掩，最后自己学不到知识，人际关系也受影响。

2. 批评方式的选取。

面对陌生同事，可以批评，但是批人不揭“皮”。当现场人多时，即使对方做得不对，当着大家的面批评，会深深挫伤其自尊心，认为你不信任他，从而产生极大的抵触情绪。记住一条适合所有对象的真理：夸奖要在人多的场合，批评要单独谈话。

3. 交流时间的合理安排。

多交流显得亲热，但交流时间不要太长，长了之后言多必失。频繁地短时间地接触某一个陌生同事，虽然可以容易亲近对方，但是同事也更容易知道你在注意他、关心他，最后引起不必要的麻烦。

4. 请求他人帮助解决问题。

老员工都有熟练的技巧，而且一般都很热心地把一技之长贡献给群体，当然也包括你这样一个初来乍到的陌生人。事实上，他们对本身工作的认识，比任何人都清楚。因此，要求他们帮助解决问题，不但可以有效地运用宝贵的资源，而且可以一起合作、共同参与。

5. 加强和同事的感情。

用一些小技巧，比如亲笔写一张小卡片，打个电话，请对方喝茶、吃饭，对其生活和家庭表现出一定的兴趣，经常一起走走，见面打打招呼，甚至可以送些小礼物。

其实，在一个整体里，每个人的工作都很重要，任何人都有可爱的闪光之处。当你超越对手时，没必要蔑视人家，别人也在寻求上进；当人家在你上面时，你也不必存心添乱找茬，因为工作是大家团结一致努力的结果，“一个都不能少”。无论对手如何使你难堪，千万别跟他较劲，轻轻地露齿微笑，先静下心干好手中的工作吧！说不定他仍在原地怨恨时，你已出色地完成业绩。露齿一笑，既有大度开明的宽容风范，又有一个豁达的好心情。悠然地轻轻一笑，就会甩去烦恼，笑去恩怨。你会发现，天空仍然湛蓝，生活依然十分美好。

二、面对陌生领导，我们能做很多

作为企业中新的一员，新员工要从大局出发，顾全集体的整体和长远利益。

同时，作为新员工，也应当尊敬陌生的领导，这不仅是必要的尊重，也是任何一个团体、单位和组织纪律所要求的。因此，无论领导是正确的还是错误的，我们都要从态度上坚持对他的尊重。如果他的做法有不妥之处，我们应该以一种巧妙的方式来提醒他，使他能够接受，不应是一味地顺从。工作中是从属关系，生活中是朋友关系。那么，当我们面对新的领导时，如何处理好这种微妙的关系呢?

1. 我们向上级请示汇报工作时注意下述礼仪：做好准备；根据领导工作选择恰当时间；严格遵时守约；语言得体；适时离去；主动说“请你留步”“谢谢”的话。

2. 服从上级的指导，不要对上级采取抗拒、排斥态度。下级服从领导是起码的组织原则。一般情况下，领导的决策、计划不可能全是全面的，即使有时领导从全局考虑出发，与小单位利益发生了矛盾，也应服从大局需要，不应抗拒不办。更何况有的人因为与领导产生了矛盾，明知领导是对的，也采取抗拒、排斥态度，那更是不应该的。感情不能代替理智，领导者处理工作关系，不仅有情感因素，更要求理智地处理问题。顶撞、抗拒、排斥不是改善上下级关系的有效途径。下级与领导产生矛盾后，最好能找领导进行沟通，即便是领导的工作有失误，也不要抓住领导的缺点不放，及时地进行沟通，是增进理解的好办法。

3. 敢于指出上级的失误，但不一定用逆耳之言。上级做决策、订计划、实施指挥，囿于各种限制，难免会出现失误。发现领导失误之后，不能为讨上级欢心，按其所好，助其蔓延，也不能害怕上级不高兴，沉默不语，而应当及时指出，使失误尽快得到纠正，这样才能减少损失。否则，错误的决策、计划蔓延发展，总有一天不仅要祸及组织，而且会祸及自身。指出上级的失误，不一定开口就大讲其弊，有时上级心理不一定承受得了，不妨采取点“以迂为直”的战术，这样有可能收到更好的效果。否则，批评完了，或者发了一通牢骚，不仅不起任何积极作用，而且还会增加摩擦和冲突。对上级的失误，还应该提倡“补台”精神，帮助上级弥补缺陷，不能站在旁边看笑话，甚至讽刺。这种消极的交往态度会使上下级关系紧张。对上级工作如果有什么好的建议，要及时提出来，提建议时要防止使用胁迫性的口气和方式，胁迫上级接受往往会适得其反。

4. 交往要有耐性，要经受得起挫折。下级不可避免地要向上级提工作建议，向上级提建议时要有耐性。一般说来，上级要比下级高明一些，但是客观情况并非完全如此，在某些问题上，下级的认识高于上级的认识是正常的。范进中举时写的文章，主考官要看几遍才“解其中味”，这类事例在工作中有时也会发生。当下级的认识高于上级时，要取得上级的支持，必须有不怕挫折的精神，要反复地向上级说明自己的观点，逐步使上级了解新建议的内容与好处，从而达到说服上级、取得上级支持的目的。有时，由于上级不理解，还可能招致指责和批评，这时千万不能气馁，应该勇敢接受挫折、误会和指责，继续坚持下去。如果缺乏坚持精神，就会使美好的愿望夭折在磨难之中，坚持下去，有时会出现“柳暗花明”的局面。

5. 想要获得新领导的认可，并不意味着一定要去领导那里献殷勤，我们还应该学会下面的技巧和方法：自动让领导知道你的工作进展；对领导的询问有问必答；接受批评，不重复犯同样的错误，让领导省事；不忙时尽量帮助别人；在工作上力争干得比领导安排的多一点，想得比领导交代的深一点，结果比领导要求的好一点。上级当然喜欢工作踏实、能力出众的部属，如果能够做到以上几点，自然容易被新领导认可。

三、如果你刚刚成为领导

当你在工作上表现优异，信心十足地期待获得晋升，你的领导让你管理一个小组甚至一个公司时，如何对待那些陌生的下属和员工也将是考验你能否胜任的重要因素。

如果你管理的小组工作素质下降了，你应有的表现没能发挥，其他同事亦怨声载道……事情似乎变得一团糟，要领导再度主持大局，这样就相当于你自己砸了自己的脚。

1. 首先要避免新任领导者容易犯的错误。

（1）缺乏自律。

如果公司要求早上准时上班，作为小组领导人，你又在何时到达公司呢？若你也在电脑上安装了游戏，同事也不会觉得用工作时间玩游戏是不应该的。如何控制自己将是影响你控制员工的首要问题。

（2）判断错误。

有些管理人难以管理别人，是因为他们作决定时，往往是先行动后思考、或是未有足够资料就下决定，甚至以感性先行。结果是很多决定要更改，同事被带领着团团转。

（3）松紧难定。

你不知道在管理上何时要紧，何时要松。管得太严，同事凡事要听你指挥，不敢自己发挥；管得太松，同事又会因为缺乏指导而感到不受关注。所以你要在指导工作时，先与负责的同事协商建立共识，再在适当时候了解工作进度并主动给予同事指引。

（4）做得太多。

这是许多新任管理人常犯的错误——因为同事做得不够好，所以自己拿来做，正如中国人所说的“校长兼打钟”。好的管理人不是一个人可做十个人能做的事，而是能指挥十个人做好他们应做的事。所以你应花时间去教同事做好自己的工作，那是他们的职责。你的职责就是一个导师。

（5）管得太细。

有些管理人自信找到了一套有效的方法，便硬要同事按他的一套去做。同事如果想用其他方法也能达到相同的目的，何不让他一试呢？别扼杀创意，在新经济时代，这是很大的罪过。

（6）一套标准。

美国NBA篮球教练在训练运动员时会说：I will not treat everybody the same, but I will treat everybody fair。（我不会用相同的方法去对待每一个人，而是公平地对待每一个人。）

（7）抱怨太多。

升职做了管理人，第一项失去的权利，就是随意批评公司的政策。因为你的角色已变为政策执行人，即使有不满，亦不宜在员工面前抱怨，因为员工是你的跟随者。你有不满时，如何能要求他们尊重公司的决定？要投诉的话，就向有能力改变局面的人说。

（8）逃避作决定。

管理人每天要面对很多问题，做决策，有些情况的确是很难。如果想着能拖就拖，把事件搁置，往往导致更多麻烦。

（9）野心太大。

有些管理人新上位，渴望多多表现，野心表露无遗。员工对这类领导通常都会有看法，怕他骑着别人助自己发展。其实在你发展的同时，你也应考虑着与其他同事一同进步。

（10）自我膨胀。

升职随之而来的，就是高一级的职位带来的好处，例如多几天假期、有某些特权、下级对你的态度较客气等……有人享受之余，勉励自己更上一层楼；也有人开始自我膨胀，疏于改进，结果就是止步不前。

2. 如何更好地领导员工。

（1）让员工了解事情的全局。

安排工作时要讲清目的和全局，而不是只告诉他“你现在该做什么”。有些管理者认为“员工干好当前的工作就行了，没有必要了解事情的全局，因为我才是整体调度者”，这种观念是错误的。如果你的员工不了解事情的全局，他只能完全按照你的表面意图工作，不敢越雷池一步。工作中遇到的任何问题，他都要向你汇报，因为他不知道如何处理是正确的。这样长此以往，你的员工会成为你的“跟屁虫”，工作能力不会有任何长进。

让员工了解事情的全局，并且了解其他员工是如何互相合作的，这非常有利于工作效率的提高。了解了全局，员工就会明白这些事情的做事原则，在一些细节上就会灵活处理。久而久之，员工就会认真地去思考自己的工作，并且会将自己的一些建议和想法告诉你，你不但多了一个好助手，员工的工作劲头也会很足。

（2）任务明确。

在给员工布置工作时，还要把你的工作任务讲明确，比如“这件工作要求什么时候完成”“完成了要达到什么样的标准”等等，都要讲清楚。任务明确为分清职责提供了条件，当工作中出现了问题时，很容易分清是管理者的责任，还是员工的责任。这样可以防止相互推诿，减少工作中的管理矛盾。另外，它为客观评价员工的工作提供了前提条件。

（3）赞扬员工。

每个人都希望得到别人的重视，每个人都希望得到别人的赞扬。赞扬是种神奇的激励方式。有些管理者认为：我已经为我员工付了工资，没有必要去做这些事情。如果你这样对待员工，你的员工也会这样对待你：公司为我支付了工资，我为公司付出了劳动，所以我没有必要关心公司的前途。如果管理者和员工怀着这样的心态，就很难愉快地合作。

（4）有事找员工商量。

成功的管理者总是将这样一个概念深入人心：组织的事就是大家的事。责任感的形成会为自信心的树立起到推波助澜的作用，也使员工更明确自己在组织中所处的位置，更加珍惜自己的劳动与业绩为员工提供成功机会。人们常说，一个失败者的出路有两条，一是成为更辉煌的成功者，二是成为出色的批评家。要知道，失败者也是教训的拥有者，你若给他们一个成功的机会，他们就会将教训转化为成功。不妨给员工压上“重担子”。“人的工作任务必须在能力之上”，这是东芝公司总裁土光敏夫的一句名言。挑战性的工作会让参与者在体力与心智上得到锻炼，使他更加能干，并感激领导对他的信任。

（5）要有倾听和接纳的雅量。

要把你的同事和员工，当成战友，他们和你是为同一个目标在一起工作的，是一条战壕里的战友，要想让他支持你，你必须首先尊重他、支持他，认真听取战友的意见和建议，让他们感到你是非常尊重他们的。在任何场合，你都应该让他们充分表达意见，作为领导，你应该充分吸取他们的意见，最后做出决策，这样的决策才最有可能得到大部分人的支持。

（6）要真心地了解、关怀、感谢同事。

不要急于求成，不要一上任就想急于在业绩上获得成绩，要用关怀来代替指责，用了解来培养默契，用感谢来寻求支持。对员工多一分体谅，就多一分和谐；多一份了解，就多一分宽容，感谢别人曾经有过的关心、支持和帮助，否则你不可能会有今天的地位和成就，要把“谢谢”作为你使用频率最高的两个字，去当面感谢他们的每一个支持和帮助。

3. 做一个管理人员固然想要在员工面前树立好“威信”，但“威信”不是摆架子。自己上班以工作为中心，以公司规章制度为原则那是当然，但还要考虑其他员工的意见、想法。每个人的思想是不一样的，也要从他们的切身利益出发。

第二节　如何成功推销自己

一、生活中的自我推销

日本推销之神原一平的座右铭：推销就是热情、就是战斗、就是勤奋地工作、就是忍耐、就是执着地追求、就是时间的魔鬼、就是勇气。

生活处处充满推销：街市里沿途叫卖的小贩，街头色彩艳丽的路牌广告，各种宣传媒体的发行与播放……人们无处不感到推销的存在。从广泛的含义来理解，不同职业的人也可理解成各类型的推销员。例如：演员向观众推销艺术，政治家推销其政见，传教士推销其教义。在此看来，以上都是生活推销表现的几种形式。人只要生活在世上，就要和各种各样的人发生种种联系，产生各种交往。你要取得成功，你就要不断推销自己，用你的推销技巧博得别人的理解、好感、友谊、爱情，以及事业上的合作，才能取得优异的成果。综上所述，推销定义为：是使自己的意图和观念能获得对方认可的行为，简言之，就是获得他人理解的行为。

二、向陌生人推销自己的方法

人活在世上，总是要与别人交往的。通过交往、沟通，增进了解，发展友谊，共同进步。交往，第一件事就是要使人认识你，喜欢你，信任你。用一句时髦的话来说，就是要善于“推销自己”。所谓向陌生人推销自己，就是向他人介绍自己，其实质是介绍自己的能力。这个自我推销大有文章。如果不会推销自己，有再好的能力也没有人注意。巧妙地推销自己，可以使陌生人全面了解自己的思想、品德、性格、技能；有助于在第一次接触中留下良好的印象；会得到陌生人的热情帮助。因此，要走好人际交往的第一步，就必须学会推销自己。那么，怎样才能更好地推销自己呢？

1. 树立正确的推销指导思想。

一个人的行动是由思想支配的。在求职时，一切行动的目的是为了找到一个比较理想的求职单位并被录用，这就需要有正确的推销指导思想来指挥自己的行动，以便使你去的求职单位喜欢并录用你。正确的推销指导思想应该是：

（1）以诚挚、实事求是的态度推销自己。

诚恳地表明自己为什么愿意到这个单位工作，如实地介绍自己的学习成绩、业务能力，既不夸张也不过分谦虚，既不掩饰也不做作。万万不可吹嘘，对自己的成绩、评价要恰如其分，不要一谈自己的成绩就夸夸其谈、津津有味。一般说来，第一次面谈是会给人留下一种印象，即你是否诚恳和求实。

（2）全面客观地介绍自己过去的成就及今后的打算、抱负。

求职时，一定要全面介绍自己。全面，既包括取得的成绩，也包括受过什么处分，还要包括自己今后的打算。有的求职者在推销自己时，只讲如何“过关斩将”，不讲怎样“走麦城”，对自己曾有过的错误甚至处分，只字不提。其实不提并不意味着人家永远不知道，如谈话时不知道你有过错误、受过处分，决定录用你，但在正式录用前还要进行审查，一看档案有过处分记录，再与你谈此事时，你支支吾吾，不能如实地讲自己是怎么受的处分，也会作出不录用你的决定。如果一开始就坦诚地介绍自己受过处分，讲清当时的思想动机以及对所受处分持有的态度，录用单位反而会喜欢你的坦诚，不会影响对你的录用。

（3）要及时、主动、有针对性地推销自己。

在择业过程中，一旦遇到合适的用人单位时，可及时、主动、有针对性地向这些单位介绍自己，主动登门推销自己，主动全面介绍自己，不要等人家问一句才答一句。如果你寻找的是教学单位，在介绍自己的技能时，就要着重介绍、表现你的思维力、演说能力和书写能力等。

（4）要层次分明地推销自己。

有些内容用书面形式介绍，就不必在面谈时再重复；有些内容在书面中虽然列出来了，但不详细，可在面谈时详细介绍。在面谈时，要想好先讲什么、后讲什么。先讲一般情况；再讲自己具备的文化、知识、技能；也要讲自己已在哪些方面取得了较为突出的成绩，社会上对这些成绩的承认；还要讲自己的缺点，受过何等处分，什么时候已经改正；最后要讲自己今后的打算，如果被录用，自己准备怎么干。总之，在开始求职谈话之前，一定要用正确的指导思想来推销自己，全面、交替使用推销方法。

2. 停顿是精密思考艺术的关键。

我们都不太喜欢停顿，因为我们都认为：“如果我回答问题花的时间太长，别人就会认为我很笨。”这就是停顿变得不太自然的原因。我们可能从一个想法跳到另一个想法，只要停顿的时间能够换口气说出下一件事即可（就像气象节目主持人在电视上预告天气那样）；我们还可能使用一些有损于能力的语音来填补停顿时间：“我……嗯……认为……嗯……我们应该……嗯……假设……嗯……我们都是……嗯……成年人。”在讲话者说完这句话之前，你不但会对他的能力质疑，而且还希望自己赶快离他远一点儿。

有意识地训练停顿。知道“听得见的停顿”是不够的。当你这样做时，你需要认识到这一点。我的建议是与你所信任、喜欢或者跟他在一起时觉得很舒服的人进行谈话，每次这样做时，让他给你一个小小的暗示——有时是一个非常小的、不易察觉的点头。在你看见几次这样的暗示以后，你就能在自己那样做的时候，听见自己说的话了。在你意识到它之前，你是无法控制住它的。现在，你听见了这个字……嗯（在这儿，我听见它了）。下一次，你就能够控制住它。然后很快，它就能够减少 50%。没有人介意偶尔出现的插入音。只有在它出现在几乎每一个停顿时，才会变成有损你讲话能力的因素。

捍卫讲话能力的第一步是无声的停顿。第二步是保持镇定、热情，避免与带有威胁性的目光接触。对于能力的证明而言，这与无声的沉默一样重要，也一样不自然。

3. 明白他们希望了解什么。

这是你能与他们分享的、可以亲自影响他们的信息。问你自己一个关键问题："这与他们的生活有什么关系?"换句话说，"这些信息是怎样与我的观众发生关系的"?如果你的信息涉及他们的家庭、他们的袖珍书、他们的工作保障、他们的孩子和孙子的健康、快乐，你就能够使他们接受你的观点，他们就会上钩。你可以实实在在地表达自己的材料，可以像讲述轶事趣闻一样表达，可以像绘画一样表达，但是，你必须通过你所说的故事和你表达故事的方式打动观众。经常有人不断向我抱怨："我的材料太枯燥了。"对他们，我只有一句话：没有枯燥的材料，只有无味的讲话者和表达方式。

4. 要给人留下美好的第一印象。

交往是在双方中进行的，第一次交往或第一次见面时留给对方的形象，就叫第一印象。给人留下美好的第一印象非常重要，它对讨人喜欢、树立威信能起积极的作用，这就是心理学中的"首因效应"，我们在前面的文章里也提到过。因此，大家想给别人留下美好的第一印象，就要懂得修饰自己的形象，要与自己的身份和年龄特征相符。具体地说，要注意自己的发型、服饰、表情。表情在自我推销中很重要。有人说，微笑是你最好的介绍信，这话一点不错。人与人的第一次接触，通过微笑，你的善良、你的热情和你的温馨就像一股暖流一样沁入对方的心田，对方就会觉得你可亲可爱，就自然会被你所吸引。因此，第一次就给人一种美的感觉，就为推销自己打出了第一张好牌。

5. 要正确地运用好语言。

语言是人类进行交往的有力工具。我们在与人交往时，总要通过语言向对方介绍自己或向对方介绍情况。介绍自己时，如果你的语言谦逊、语调适中，且留有余地，就能给人一种亲切的感觉。向对方了解情况时，如果你的语言诚恳，语调自然，问的问题恰到好处，这样也能使对方向你敞开心扉，把你所要了解的情况和盘托出。最后发表自己对问题的看法时，如果你的语言中肯，语调平和，且能旁征博引，分析有理有据，归纳也准确，这样就更能使对方向你贴近，大有“君子相见恨晚”之感。通过这样的语言交往，你的博学、你的多才、你的风趣、你的幽默也尽情地表现出来了。所以，语言的交往就是一个推销自己、表现自己的过程。

6. 以自己的高尚人格去征服别人。

随着时间的推移，人们彼此交往的吸引力将会从对方的外在仪表逐渐转入对方内在的道德品质。这时你就要以自己的高尚人格去感染别人，征服别人。而感染别人、征服别人的过程，实际上是推销自己的过程。你能宽以待人，在他人出差错的时候，也能主动去帮助他、关心他和接受他，你就向别人展现了你宽阔的胸怀。这样你就能够团结更多的人，吸引更多的人，为更多的人所接受和喜爱。你必须谨记：内在的吸引力是最为牢固、最持久、最有效的交际手段。

7. 自信是最重要的因素。

当你在沟通中缺乏信心时，不妨也穿戴上最华贵的“服饰”，找出足以荣耀自我的优点，那么你将不会因为低人一等而感到自卑了。所以，尽量找到自己的长处，即使是自认为不值一提的特长，利用自我扩大法，扩大成足以自豪的优点，借以缩短与对方的心理距离，这样就会增加自己的自信心。

人们要培养自信心，就要明察自己的长处和短处。善于发现自己的短处，并以顽强的毅力加以克服，同样也善于发现自己的优点以增强自己的自信心。

第三节　顺利演讲，吸引他人

演讲又叫讲演或演说，是指在公众场所，以有声语言为主要手段，以体态语言为辅助手段，针对某个具体问题，鲜明、完整地发表自己的见解和主张，阐明事理或抒发情感，进行宣传鼓动的一种语言交际活动。当然，你演讲的听众绝大多数甚至全部都是陌生人，所以演讲成为处理与陌生人关系的一种重要手段。

一、演讲准备

1. 确定讲题。

注意演讲的主题有四个基本要求：贴切、简洁、引人、悦耳，有利于陌生受众的接受和喜爱。

2. 标题类型。

依照受众类型可以选择合适的标题类型，具体说来有提要型、象征型、含蓄型、惊醒型、设问型、抒情型，进一步吸引听众，更快地使得自己的演讲被陌生人接受。

3. 写好讲稿。

不管写什么内容，所有的演讲稿一定有事、理、情，即要有事实、有道理、有感情的有机结合。没有事实的议论和抒情是苍白的，没有抒情和议论的事实是呆板的。演讲有促进作用、教育作用、美感作用，所以能否发挥这三个作用，是一篇演讲稿是否成功的重要标准。

4. **熟记讲稿、自我讲练。**

这是台下的功夫，为了可以在与陌生听众交流时更加顺畅和自信。

5. **上台、开场、下台的问题。**

上台要情绪饱满，充满自信，步伐稳健自然，目光环视全场。开场起调一定不要太高，稍低。下台步伐平稳，要避免“得意扬扬”或“神情疲惫”。

二、演讲技巧及注意要点

1. **善用空间的演讲。**

所谓空间就是指进行演说的场所范围、演讲者所在之处以及与听众间的距离等等。演说者所在之处以位居听众注意力容易汇集的地方最为理想。例如开会的时候，主席多半位居会议桌的上方，因为该处正是最容易汇集出席者注意力的地方。

2. **记住用停顿代替支支吾吾。**

忘记了准备好的台词或者演讲总是断断续续，这可是非常糟糕的事情。当这些事情发生的时候，不要慌，停顿一下，深吸一口气。停顿带来的效果一定会比支支吾吾的演讲好。同样的，因为紧张而语速加快也可以通过停顿来调整速度。

3. **注意演讲时的姿势如何。**

演说时的姿势也会带给听众某种印象，例如堂堂正正的印象或者畏畏缩缩的印象。虽然个人的性格与平日的习惯对此影响颇巨，不过一般而言仍有方便演讲的姿势，即所谓“轻松的姿势”。要让身体放松，反过来说就是不要过度紧张。过度的紧张不但会表现出笨拙僵硬的姿势，而且对于舌头的动作也会造成不良的影响。诀窍之一是张开双脚与肩同宽，挺稳整个身躯。另一个诀窍是想办法扩散并减轻施加在身体上的紧张情绪。例如将一只手稍微插入口袋中，或者手触桌边，或者手握麦克风等等。

4. 有关服饰和发型。

服装也会带给观众各种印象。尤其是东方男性总是喜欢穿着灰色或者蓝色系列的服装，难免给人过于刻板无趣的印象。轻松的场合不妨穿稍微花哨一点的服装来参加。不过如果是正式的场合，一般来说仍以深色西服、男士无尾晚宴服以及燕尾服为宜。其次，发型也可塑造出各种形象来。长发和光头各自蕴含其强烈的形象，而鬓角的长短也被认为是个人喜好的表征。

5. 思考法则。

大多数人在演讲之前都是开口就来，开口就讲，实际上一个人的思考分成两种，一种是意识思考，一种是潜意识思考。意识思考比较慢，潜意识思考比较快。你要让自己的潜意识演说，这样你说话就会流利。

6. 重述问题。

有人提问以后，把他提出的问题用其他的方式表达出来。富有经验的演讲师可能会准备一些简单的问题让你回答。如果你没有准备，或者这些问题出乎意料，重述问题可以让听者认为你已经马上想到了一个回复，同时你还争取了一些多余的时间来思考。

7. 在语言上，它应当尽量生动、形象、幽默、风趣。

演讲，在内容上，应当言之有物，力戒陈词滥调，无病呻吟，无的放矢。从结构上讲，任何演讲的内容都不外乎由开场白、正题与结束语三部分构成。演讲的“重头戏”，务必要放在正题之上，应当站着演讲，辅以适当的手势亦可，但不要摇头晃脑，指手画脚，将拳头煞有介事地挥来挥去。时间上，应当力求点到为止，短而又短。照常理来说，发表即席的演讲，讲上三分钟左右即可，一般不要超过五分钟。遇上“限时演讲”，即演讲的时间有所规定，则宁肯时间没用完，也不要超过。切勿被人“叫停”，罚下场去。

8. 不要让 PPT 转移重心。

借助 PPT 演讲已经是非常流行的演讲方式。但是你要明白，总是让听众的注意力集中在你的演讲上，幻灯片应该是强调重点，而不是你的备用演讲稿。如果我从你的幻灯片中获取所有的消息了，那我为什么还要听你的演讲？很多演讲大师的幻灯片都是由简单的图片或者词语组成，这些幻灯片都非常合理地突出了演讲重点，同时也没有转移听众的注意力。

9. **投入法则。**

各位，一个人讲话的时候，一个人用心不用心、投入不投入有很大的差别。当一个人投入的时候，做事情的效率要快高几倍。如果一个人积极地投入工作和生活当中，他取得的成就就会比别人大。这不仅是投入法则，也是事业成功的法则。演讲沟通一定要投入。

第四节　快速说服他人才能高效社交

一、说服的力量

所谓说服，就是指说服者巧妙地运用各种可能的说服手段（媒介），直接作用于人的五觉系统（视觉、听觉、味觉、嗅觉、触觉），进而间接地作用于人的潜意识与意识（也就是人们常说的心和脑），从而影响人的心态和思想，甚至进一步主导人的意志及改变人们行为的一个目的性很强的活动过程。

不管你多么能说会道，不管你有多少事实与数字支持自己的观点，如果人们不想做某件事情，你是无论如何也说服不了他们的。所以，说服人们实际上是一个寻找人们喜欢、需要的过程。这是否意味着一个非常棒的产品或一个美妙的生意计划不能说服人们做任何事情呢？没错！不管你能为人们提供什么，不管你觉得它有多么好，人们关心的只是你的产品和生意计划能带给他们多少他们想要的东西。所以，除非你已经发现他们认为什么是好的，否则不要告诉人们你觉得什么是好的。

二、说服陌生人的技巧

1. 调节气氛，以退为进。

在说服陌生人时，你首先应该想方设法调节谈话的气氛。如果你和颜悦色地用提问的方式代替命令，并给人以维护自尊和荣誉的机会，气氛就是友好而和谐的，说服也就容易成功；反之，在说服时不尊重他人，拿出一副盛气凌人的架势，那么说服多半是要失败的。毕竟人都是有自尊心的，就连三岁孩童也有他们的自尊心，谁都不希望自己被他人说服而受其支配。

2. 争取同情，以弱克强。

渴望同情是人的天性，如果你想说服比较强大的陌生人时，不妨采用这种争取同情的技巧，从而以弱克强，达到目的。

3. 善意威胁，以刚制刚。

很多人都知道用威胁的方法可以增强说服力，而且还不时地加以运用。这是用善意的威胁使对方产生恐惧感，从而达到说服目的的技巧。威胁能够增强说服力，但是，在具体运用时要注意：态度要友善；讲清后果，说明道理；威胁程度不能过分，否则反会弄巧成拙；消除防范，以情感来打动人。

4. 利用“居家优势”进行说服。

心理学家拉尔夫·泰勒等人曾经按支配能力（即影响别人的能力），把一群大学生分成上、中、下三等，然后各取一等组成一个小组，让他们讨论大学十个预算削减计划中哪一个最好。一半的小组在支配能力高的学生寝室里，一半在支配能力低的学生寝室里。泰勒发现，讨论的结果总是按照寝室主人的意见行事，即使主人是低支配力的学生。

由此可见，一个人在自己或自己熟悉的环境中比在别人的环境中更有说服力。因此，在日常生活中应充分利用居家优势。如果不能在自己家中或办公室里讨论事情，也应尽量争取在中性环境中进行，这样对方也没有居家优势。

5. 修饰仪表。

你想上级在申请书上签字，你是精心修饰一下仪表呢，还是相信别人会听其言而不观其貌？我们通常认为，自己受到别人的言谈比受到别人的外表的影响要大得多，其实并不尽然。我们会不自觉地以衣冠取人。有人通过实验证明，穿着打扮不同的人，寻求路人的帮助，那些仪表堂堂、有吸引力的人要比那些不修边幅的人有更多的成功可能。

6. 让自己等同于对方。

许多研究者发现，如果你试图改变某人的个性爱好，你越是站到他的立场思考，你就越具有说服力。例如，一个优秀的推销员总是使自己的声调、音量、节奏与顾客相称。甚至身体姿势、呼吸等也无意识地与顾客一致。这是因为人类具有相信“自己人”的倾向。

7. **反映对方的感受。**

最优秀的说服者也会遭到别人的反对。这时老练的劝说者往往会重新陈述对方的意见，承认它具有优点，然后才指出自己的意见更好、更全面。研究证明，在下结论前，呈示双方的观点，要比只讲自己的观点更有说服力。

8. **关注他们的肢体语言。**

当人们谈到自己想要的东西时，他们会以某种特殊方式“明亮”起来。他们似乎变得更有能力、更有活力。当这种情况发生时，隐含的信息就会显现起来。

9. **留意他们的用词。**

当他们说“问题在于……”这些话语的时候，他们正在告诉你他们有一种需要。如果他们说：“问题是我们没有时间做其他事情”，那么他们正在告诉你，他们需要给自己更多的时间。

10. **注意看人们之间的相互反应。**

当你和一对夫妇交谈时，要注意他们给予对方的评论。你经常可以在他们简短的交谈中发现他们想要什么。例如，“你已经工作很长时间了”，这意味着需要花更多的时间待在家里。又如，“我们从来没去过你答应我要去的英国”，这告诉你有一个旅行的愿望没有实现。

11. **品味他们的埋怨。**

每一个埋怨的背后都隐藏着一个秘密的渴望。如果你能学会将人们的消极话语翻译成它所对应的积极话语，你就会知道人们想要什么，而知道人们想要什么是说服他们的金钥匙！

12. **提出有力的证据。**

你准备参加某次决策会议，为一项不为大家重视的事业争取更大的一笔钱款，什么样的证据最有说服力呢？如果向听众提供可靠的资料而不是个人的看法，你就会增加说服力。但要记住，听众受到证据的影响，也相同程度地受到证据来源的影响。引用权威更能消除听众的先入之见。

13. 运用具体情节和事例。

优秀的说服者都清楚地知道这样一点：个别具体化的事例和经验比概括的论证和一般原则更有说服力。因此，说服陌生人并与之沟通的技巧并不是孤立独行的，它们相互融合在一起，相互渗透，相互支持。

如果把几种方法融会贯通在一起，一定会得到较好的效果。语言是情感的载体，情感是语言的灵魂，没有情感的语言是干瘪的。而且我们要努力做到理在言中，中国有句俗语“有理走遍天下，无理寸步难行”。尤其是对待彼此不甚了解的陌生人，努力使沟通的技巧不断地推陈出新。